Mit den besten
Wünschen
für Jürg

Urs Habegger

8.11.24

# Am
# Rande
# mitten-
# drin

Dann geschah es,
und nichts ist mehr so,
wie es war.

So manches Leben wäre ganz anders verlaufen,
wenn dies oder das nicht geschehen wäre.

So auch meines.

Doch mir stellt sich die grosse Frage:
Wäre dieses andere Leben
partout besser gewesen als jenes,
das ich jetzt habe?

Ich weiss es nicht.

Der Mensch muss nicht immer alles wissen.

Dieses Buch ist kein Klagelied.
Klagen liegt mir nicht.

Positiv denken und sein,
dazu ein gehöriger Schuss Humor
plus herzhaftes Lachen:
Das ist mein Kredo.
Diese Drei.
Sie helfen ungemein.

Und diese Drei kommen
in diesem Buch nicht zu kurz.

*Für Jelena und Caruã*

Dieses Buch erschien mit freundlicher Unterstützung von:

reformierte
kirche knonau

2. Auflage 2024

Am Rande mittendrin
© elfundzehn, Zürich 2024
Ein Verlag der Lesestoff-Gruppe
Gestaltung: www.as-grafik.ch, Urs Bolz
Lektorat: elfundzehn, Gaby Ferndriger
Korrektorat: elfundzehn, Martha Höschel
ISBN 978-3-905769-75-3

Besuchen Sie uns im Internet: www.elfundzehn.ch

elfundzehn wird vom Bundesamt für Kultur
für die Jahre 2021–2024 unterstützt.

Urs Habegger

# Am Rande mitten- drin

Erlebnisse eines
Surprise-Verkäufers

elfundzehn

# Inhalt

# Vorwort

In wenigen Stichworten mein beruflicher Werdegang: 1971 bis 1975 Lehre zum Schriftsetzer. Zusatzausbildung zum Reprofotografen. Lehrlingsausbilderdiplom. Abteilungsleiter. Und dann geschah es ...

Seit siebzehn Jahren verdiene ich mir nun meinen Lebensunterhalt auf der Strasse. Zuerst zwei Jahre als Strassenmusikant, mit Gitarre und Gesang und selbstgeschriebenen Liedern. Mittlerweile verkaufe ich seit fünfzehn Jahren das Strassenmagazin *Surprise* in der Bahnhofsunterführung zu Rapperswil.

Tausende, Hunderttausende, ja, Millionen Menschen sind in all den Jahren an mir vorbeigezogen. Unzählige Begegnungen und Gespräche, viele Bekanntschaften und Freundschaften, die sich ergeben haben. Und ja, *Surprise*-Hefte habe ich auch fleissig verkauft.

Das Leben zieht in seiner ganzen Vielfalt an mir vorbei.

Ich bin privilegiert, denn ich stehe mittendrin.

Viele der Menschen, von denen ich in diesem Buch berichte, kenne ich mit Namen. Ich nenne aber keine Namen. Weder die tatsächlichen noch frei erfundenen. Tatsächlich existierenden Menschen irgendeinen Namen geben, fühlt sich für mich nicht richtig an. Unser Name ist Teil unserer Identität. Phantasienamen sind Verfälschungen. Die Esther ist die Esther und nicht die Gertrud. Der Rudi ist der Rudi und nicht der Hanspeter. Sie und er; so nenne ich jene, von denen ich berichte.

Ich beobachte nur. Davon will ich erzählen. Ich kommentiere nicht. Ich kritisiere nicht. Ich verurteile nicht. Ich werte nicht.

Respekt, Wertschätzung, Toleranz, Empathie sind mir wichtig.

Was wäre, wenn der Respekt verloren oder gestohlen wäre. Oder wenn er auch nur für ein paar Tage in den Urlaub fahren würde. Er wäre einfach unauffindbar. Ebenso dessen drei Schwestern, also die Wertschätzung, die Toleranz und die Empathie.

Es wäre Anarchie!

# Vieles im Leben ist einfach gut, so wie es ist

Exponiert. Willkommene Zielscheibe für so manchen Schabernack und Lausbubenstreich. Verständnisloses Kopfschütteln. Abschätzige Gesten. Spöttische Bemerkungen. Herablassende Blicke. Spiessrutenlaufen. Brenzlige Situationen. Aufstand. Mit Schimpf und Schande davongejagt. Ich hatte keine Ahnung, was mich erwartet, bevor ich mich an meinem ersten Tag als *Surprise*-Verkäufer mit meinen Heften in der Bahnhofsunterführung zu Rapperswil hingestellt habe, nicht ohne vorher ein Bier als Mutmacher getrunken zu haben. Und was geschah? Aufmunternde Blicke hier, freundliche Worte da und der Absatz meiner Hefte übertraf meine kühnsten Erwartungen. Es wurde mir ein überaus freundlicher Empfang bereitet.

Aber klar, in all den Wochen, Monaten und Jahren danach habe ich so manches verächtliche Lächeln in vorbeihuschenden Gesichtern gesehen, oder abwertende Gesten und Blicke oder höhnische Äusserungen geerntet.

Mir macht das nichts aus. Wer Freude daran hat.

Ich halte mich da ganz an die Taktik, die ich schon in meiner Kindheit erfolgreich angewendet habe. Hat mir im Zorn einer «Du bisch en Löli» oder «Du bisch en Dubel» oder auch Ärgeres nachgerufen, wie das zum Beispiel auf dem Pausenplatz schon mal vorkommen kann, so habe ich gesagt: «Das weiss ich.» Und schon war Ruhe. Was will der Andere daraufhin auch noch sagen? Ich habe ihm den Wind aus den Segeln genommen. Ich war und bin für Frieden.

Brenzlige Situationen habe ich in all den Jahren deren drei erlebt: Bei der Ersten bedrohte mich ein durchgeknallter, unberechenbarer Betrunkener massiv. Was war's bei der Zweiten? Hmmm …, na sowas, ich weiss es nicht mehr, hab's schlichtweg vergessen. Bei der Dritten hat sich ein lüsterner Hammel breitbrüstig vor mich hingestellt und liess mir nichts dir nichts seine Hosen runter. Aber das wars auch schon.

So ist es oft im Leben. Man rechnet mit dem Schlimmsten, und nichts davon geschieht. Es wird einfach gut.

\* \* \*

Torkelnd steuert er, noch jung, auf mich zu. Ungepflegtes, halblanges, fettiges Haar fällt in Strähnen auf seine Schultern. Seine Kleidung vernachlässigt. In der einen Hand hält er eine Büchse Bier, führt sie zum Mund und nimmt gierig ein paar Schlucke. In der anderen Hand, in einem durchsichtigen Plastiksack, verwahrt er drei weitere Büchsen auf Vorrat. Ich denke, der hat eigentlich schon mehr als genug intus. Wobei das im Moment aber keineswegs meine grösste Sorge ist. Ich mache mich auf Pöbeleien der übelsten Sorte gefasst, verharre und baue auf meine Deeskalationskünste.

Wie befürchtet, bleibt er vor mir stehen, erst mal wortlos. Er versucht sich gerade zu halten – immer noch wortlos. Das finde ich löblich. Dankbar für die Gnadenfrist, die er mir gewährt, harre ich mit gemischten Gefühlen der Dinge, die da kommen werden. Ich beobachte ihn scharf. Aus seiner Gesässtasche klaubt er mit fahrigen Bewegungen ein Portemonnaie. Aus Erfahrung weiss ich aber; ein Portemonnaie in der Hand bedeutet rein gar nichts. Nie im Leben käme mir der Gedanke, er würde mir ein Heft abkaufen. Beherrscht und bemüht, nicht zu lallen, erkundigt er sich, erstaunlich gut artikuliert, nach dem Preis von einem *Surprise*-Heft. Ich bin perplex, traue aber dem Frieden noch immer nicht. Meine Gedanken überschlagen sich. Ich denke im besten Fall an einen Scherz, im schlechteren Fall an ein Vorgeplänkel seiner wahren Absichten, an eine Provokation, im schlechtesten Fall an die Suche nach Streit, um Dampf abzulassen, wozu ein *Surprise*-Verkäufer bestens geeignet ist.

Aber hoppla, ohne Aufhebens und grosse Worte gibt er mir eine 10er-Note, sagt: «Stimmt so», klemmt sich sein Heft unter den Arm, wünscht mir einen guten Tag und schwankt von dannen. Ich atme auf.

Wie sehr man sich in Menschen täuschen kann.

Wohnhaft bin ich in Affoltern am Albis. Um es zu wiederholen: Mein Verkaufsort hingegen ist in Rapperswil.

Ich pendle.

Ein Weg eine gute Stunde Fahrzeit. Damals, als ich bei *Surprise* angefragt habe, ob ich da mitmachen kann, wurde mir gesagt: «In Rapperswil ist ein Platz frei. Wenn du willst, kannst du dort verkaufen.» Ich wollte. In all den Jahren hätte ich meinen Verkaufsort schon mehrmals wechseln können, näher zu meinem Wohnort hin. Aber ich habe mir in Rapperswil etwas aufgebaut und das gebe ich nicht leichtfertig her.

Eine Stunde Fahrzeit zur Verkaufsstelle; das hört sich nach viel an. Wobei: Die Zeit im Zug ist nicht verloren. Man kann sich beschäftigen. Oder dösen. Oder Gedanken nachhängen.

Die meisten Fahrgäste sind am Handy. Einige arbeiten am Computer. Andere unterhalten sich. Und es dünkt mich, es sitzen wieder mehr mit einem Buch in der Hand. Manchmal bin ich einer von ihnen. Manchmal schreibe ich. Oft und gerne schaue ich aber einfach so zum Fenster raus. Von tausenden Fahrten auf der gleichen Strecke weiss ich, was zu sehen ist. Klar, der Vogel, der da fliegt, ist nicht immer da. Auch nicht die Kuh auf der Weide oder das Pferd auf der Koppel. Aber sonst ist und steht seit Jahr und

Tag jedes und alles auf seinem angestammten Platz. Ich kenne alles, ich weiss um alles. Ich hab's schon viele Male gesehen. Aber heute werde ich stutzig. Ich habe alles aufgeschrieben, was mir durch den Kopf geht, nun fällt mir nichts mehr ein. So schaue ich zum Fenster raus. Komisch, da stimmt was nicht. Denn was draussen vor dem Fenster an mir vorbeizieht, ist mir fremd, so als hätte ich es noch nie gesehen. Ich bin verwirrt. Bin ich im falschen Zug? Das kann eigentlich nicht sein. Ein hastiger Blick auf die digitale Anzeige im Waggon bestätigt mir: Ich sitze richtig; in der S5.

Erleichtert sehe ich jetzt auch wieder mir wohl Bekanntes: den Bauernhof, die Felder, dann die Häuserreihe. Soweit bin ich beruhigt. Aber wieder fahre ich an Häusern und Strassen vorbei, die mir vollkommen unbekannt sind, so als hätte ich sie noch nie gesehen.

Ich sitze im Zug, fahre eine Strecke, die ich schon tausende Male gefahren bin, die ich darum zu kennen meine, weil es da für mich nichts zu sehen gibt, was ich nicht schon viele Male gesehen hätte. Ausser: Der Vogel, der da fliegt, ist nicht immer da. Auch nicht die Kuh auf der Weide oder das Pferd auf der Koppel. Und nicht das Reh am Waldrand, der Reiher am Bach, die Blume auf der Wiese und die Wolke am Himmel.

Aber sonst? Sonst sollte mir doch alles bekannt sein.

Ich stelle mir vor:

Die haben über Nacht die Bahngeleise verlegt!

Das wäre die einfache Lösung meines Problems.

Die komplizierte Lösung wäre: Ich sehe, aber ich sehe nicht. Ich sehe, nehme aber nicht wahr, was ich sehe. Ich bin. Aber ich bin nicht dort, wo ich bin. Ich glänze mit Abwesenheit.

Aber Zeit zum Aussteigen. Ich bin in Rapperswil.

Sie zieht sich in die Länge, die Bahnhofsunterführung zu Rapperswil. Eingebettet zwischen See, Hügeln, Kinderzoo, Holzsteg, Seeuferweg, Hochschule, Altstadt, Kloster und Schloss liegt sie da, samt Bahnhof. Treppen und Rampen führen zu den Perrons und zum nördlichen und südlichen Aus- und Eingang. Wegen Feuchtigkeit bröselt an der Decke die weisse Farbe. Der Bodenbelag sieht aus, als wäre er geteert. Ungeheizt. Logisch. So wie das in Bahnhofsunterführungen vorkommt. Im Winter bitterkalt. Ein Kühlschrank. Je nachdem wie der Wind bläst: von nicht zugig über zugig bis sehr zugig. Das Problem Wassereinbruch wurde inzwischen gelöst. In zwölf Schaukästen präsentieren sich Vereine, Gewerbetreibende, Ärzte, Kirchen und Geschäfte. Ein heller, freundlicher und auch im Winter warmer Kiosk, einladend und charmant. An den Wänden hängen Fahrpläne: digital und auf grossformatigem, gelbem Papier, dazu Zonenpläne, Linienpläne, ein Stadtplan und eine Galerie von farbenfrohen Werbeplakaten, inzwischen auf zwei überdimensionierten Monitoren auch digital. Ein Schifffahrplan fehlt. Die Beleuchtung eher schummrig. Die Wände weiss gefliest, die untersten vier Reihen in wässrigem hellblau. Sie markieren den Wasserspiegel des Zürichsees. In auf dem Kopf stehenden Fliesen stehen in schwarzer Farbe eingebrannte Ortsnamen aus diversen Ländern. Das bedeutet: Genannte Ortschaften befinden sich auf gleicher Höhe über Meer. Seit geraumer Zeit befindet sich dort auch ein Posten des beliebten Rapperswilers Foxtrail in «meiner» Unterführung. Die Bahnhofsunterführung zu Rapperswil hat also durchaus ihr eigenes Gesicht und ihre Attraktionen, zumal da auch noch ein *Surprise*-Verkäufer steht und seine Hefte verkauft. Das bin ich. Auch genannt: «De *Surprise*-Verchäufer vo Rapperswil».

Ein ungemütlicher, unwirtlicher Ort, wird mir oft mitfühlend gesagt.

Ich hingegen nenne die Bahnhofsunterführung zu Rapperswil gerne auch meine gute Stube.

Vieles im Leben ist eine reine Einstellungssache.

«Was machsch du da?» Diese Frage höre ich oft aus Kindermündern, wenn ich so dastehe und meine *Surprise*-Hefte verkaufe.

Und stets schwingt mit dieser Frage in der Stimme, im Tonfall, unaussprechliche Verwunderung mit, die sich zudem in grossen Augen und verständnislosen Gesichtern widerspiegelt. Zeitungen und Hefte kauft man im Kiosk. So hat es das Kind gelernt, so hat es das auch schon gesehen und es selber war auch schon dabei, mit der Oma, die im Kiosk ihre Hefte kauft, und es, das Kind, hat bei dieser Gelegenheit auch ein Heftli bekommen, von der Oma.

Natürlich erzähle ich dem Kind nichts über den Hintergrund von *Surprise*. Danach hat es auch nicht gefragt. Es hat nicht gefragt: «Warum machsch du das?» Es hat gefragt: «Was machsch du da?» Ich sage ihm also: «Ich verkaufe dieses Heft.» «Ahaaa», macht es, mimt Wissen um die Welt und zieht, mit meiner Antwort sichtlich zufrieden, munter weiter seines Weges.

Und da war der eine kleine Junge, der vor mir stehen blieb und mich gefragt hat: «Häsch du kei Gäld?» Diese Frage aus seinem Munde beweist: Er weiss schon mehr über *Surprise* und über das, was dahintersteckt.

Fest steht: Man erwacht nicht eines Morgens, womöglich eines sonnigen Morgens, und sagt aus heiterem Himmel oder aus einer unbestimmbaren Laune heraus, ohne Not und Dringlichkeit: So, mir reicht's. Ich hänge meinen Job an den Nagel. Ich will *Surprise*-Verkäufer werden. Das ist auch nicht die Idee, die hinter *Surprise* steckt. Erst in der Not, die viele Gesichter und Gewänder trägt, zieht man in Erwägung, sich bei *Surprise* zu melden. Wir alle rund vierhundertfünfzig *Surprise*-Verkäuferinnen und Verkäufer haben unsere guten Gründe, das zu tun, was wir tun.

Um einer weitverbreiteten, aber irrigen Meinung vorzubeugen: Wir müssen nicht. Es zwingt uns kein Amt und keine Behörde. Wir alle stellen uns aus freien Stücken mit dem Heft *Surprise* in der Hand auf die Strasse. Irrig ist auch die Meinung, *Surprise*-VerkäuferInnen seien zu nichts anderem fähig als *Surprise* zu verkaufen. Wer in unserem Heft regelmässig das VerkäuferInnen-Portrait auf Seite dreissig liest, der weiss: Diese Ansicht gehört ins weite Land der Märchen, aber beileibe nicht in die

Wirklichkeit. Es ist bemerkenswert, was für Fähigkeiten sich in unseren Reihen befinden.

* * *

Der Verein *Surprise*, der Herausgeber des gleichnamigen Magazins, wurde 1998 gegründet. Das Konzept von *Surprise*: Hilfe zur Selbsthilfe bieten. In dieser Form ein Novum unter den sozialen Institutionen in der Schweiz.

Seit dem Jahre 2003 erscheint das Magazin *Surprise* 14-täglich, jeden zweiten Freitag, mit zwei Ausnahmen; die Ausgaben über Weihnacht/Neujahr und über Ostern sind drei Wochen im Verkauf, wobei sich der Absatz der Hefte in der dritten Woche beträchtlich mindert. Noch eine Woche mehr: Uff!

In der ersten Zeit erschien *Surprise* alle zwei Monate, später monatlich. Mein Respekt gilt allen Verkaufenden in den Anfängen von *Surprise*. Ich stelle mir vor: Acht Wochen mit demselben Heft in der Hand auf der Strasse stehen! Wie oft gingen meine Verkaufs-KollegInnen von einst am Abend müde und enttäuscht nach Hause, ohne ein einziges Heft verkauft zu haben? Wie oft haben sie gedacht: Was soll das, ich schmeiss den Bettel hin. Doch am nächsten Tag gingen sie wieder auf die Strasse, mit ihren *Surprise*-Heften, beseelt von Pioniergeist, Hartnäckigkeit und Durchhaltewillen und mit neuer Hoffnung in den Herzen. Ihnen allen sage ich: Tausend Dank fürs Durchhalten. Denn hättet ihr damals nicht durchgehalten – meine VerkaufskollegInnen und ich wären nicht da, wo wir heute sind.

Aber so stehe ich in der Bahnhofsunterführung zu Rapperswil und verkaufe meine *Surprise*-Hefte. Wie ich bei dieser Gelegenheit zuweilen, mit säuerlicher Miene und einem Igitt im Unterton, gesagt bekomme, verkaufe ich ein linkes Heft. Wenn denn soziales Engagement, im Fall von *Surprise* soziale Missstände seriös recherchiert, in Wort und Schrift aufdecken und anklagen gleichbedeutend mit links sein ist – ja, dann verkaufe ich ein linkes Heft. Ich habe es nie verstanden und werde es nie verstehen:

Warum soll soziales Engagement explizit Sache von Linken sein? Ich kenne liebe Menschen, weit weg von jedem politischen Couleur, die unentgeltlich beim «Tischlein deck dich», im «Caritas»-Laden, in einer Gassenküche arbeiten oder Asylanten betreuen oder oder oder. Will da einer sagen, das sind doch alles Linke? Ganz grob gesagt geht's bei sozialer Arbeit um Menschlichkeit.

\*  \*  \*

Es ist ein schönes Gefühl, Teil einer erfolgreichen Geschichte zu sein. *Surprise* will niemandem etwas Böses. *Surprise* wirkt und gibt. Und wenn es auch «nur» eine mahnende Stimme wäre, wäre das nicht ohne Bedeutung; denn Stimmen werden zuweilen erhört.

\*  \*  \*

Ich hab's probiert, schon oft: Sie kauft mir ein Heft ab. Er kauft keins. Sie kauft keins, er kauft eins. Aber mein Spiel funktioniert nicht. Reine Glückssache. Genauso gut könnte ich es mit einem Abzählvers versuchen. Zum Beispiel: Ene, mene, muh, und raus bist du. Oder: Azelle, Böle schelle ... Aber auch: Biff, baff, buff und du bisch ehr und redlich duss. Früher war dieses Spiel einfacher zu gewinnen, ausgeglichen, unentschieden. Wer in seiner Tasche kramte und nicht nach der Lesebrille, dem Taschentuch, dem Kaugummi oder dem Lippenstift suchte, der zückte sein Portemonnaie. Heute sieht das anders aus. Wer in seiner Tasche kramt, zückt meist sein Handy.

Ich stehe. In den letzten zwei Stunden habe ich kein Heft verkauft. Zwei Stunden nichts. Das kommt täglich vor. Umgekehrt kommt's auch vor, dass sie bei mir anstehen, meine Kunden, obwohl es bei mir mega schnell geht, wie mal jemand gesagt hat. Aber im Moment herrscht Flaute, nada, nichts.

Also aufpassen: Ich muss präsent bleiben! Ich weiss: Wenn ich mental oder körperlich wegdrifte, wenn ich mich gehen lasse, ist Schluss für heute. Wie ein unbeteiligter Fremdkörper dastehen rentiert sich nicht. Ich reisse mich also zusammen! Gedanken raffen und bei der Sache bleiben! Körperspannung und Körperhaltung aufrechterhalten. Konzentration auf das, was zu tun ist. Körperlich, und vor allem mental präsent bleiben. Ja, Präsenz, Leidenschaft, Hingabe: Das ist die Zauberformel. Dabei sein.

Ich weiss aus Erfahrung: Jede Flaute hat ein Ende. In den nächsten Stunden kann noch so manches Heft den Besitzer wechseln.

Also dranbleiben. Es lohnt sich immer. Man weiss nie, was noch kommt.

* * *

«Ich Tarzan – Du Jane». Oder: «Madame Présent und Monsieur le Président». Aber auch einfach nur: «Bäse». So, aber auch ganz anders, könnte unser Debüt-Comedy-Programm heissen. Das Comedy-Programm von ihr und mir. Aber sie will nicht! Dabei: Wir sind echt gut – und obendrein saukomisch – sie und ich. Aber sie will nicht. Zusammen könnten wir die Bühnen dieser Welt erobern – locker – sie und ich. Wir hätten allemal das Zeug dazu. Aber sapperlottnochmal: Sie will nicht. Seit Jahren nörgele ich vergeblich an ihr herum, bezirze sie, umwerbe sie. Doch sie bleibt standhaft bei ihrem kategorischen Nein. Obwohl ich gegen Standhaftigkeit im Allgemeinen nichts einzuwenden habe – ganz im Gegenteil, ich lobe sie – so muss ich an dieser Stelle doch anfügen: Aber bitte, alles zu seiner Zeit. Auch kippen hat seine Zeit. Immerhin geht es in diesem Fall um die grosse Karriere zweier vielversprechender Comedians – nämlich um die von ihr und mir. Aber nein, sie will partout nicht: Immer nur üben, üben, üben. Glauben Sie mir: Wir üben täglich mehrmals in der Bahnhofsunterführung zu Rapperswil. Am Morgen, wenn sie an mir vorbeigeht, am Mittag, wenn sie an mir vorbeigeht und am Abend, wenn sie an mir vorbeigeht. Und unserer komödiantischen Phantasie sind schier keine Grenzen gesetzt. Mal trällere ich ihr meine selbstkomponierten Melodien inklusive Beat vor. Dann machen wir Comedy über die Hagebutten. Oder über Suppen, die kalt werden. Oder aber über Sinn und Zweck von Norden und Süden. Highlight über Highlight! Extraklasse ist auch unsere Comedy «Der blaue Regenschirm». Mal üben wir uns in stummer Gestik – so eine Art von Pantomime –, dann hauen wir auch mal ordentlich auf den Putz und machen auf Streit der gehobenen Klasse. Sie legt halt Wert auf Niveau. Mir soll's recht sein. Wenn sie nur endlich mit mir die Bretter, die die Welt bedeuten, erobern wollte!

Ich verstehe sie. Sie hat es mir wohl nie gesagt, aber ich weiss, was sie denkt: «Schuster, bleib du mal schön bei deinem Leisten.»

Aber sie ist nicht mehr da. Pensioniert. Und sie geniesst ihre Pension in vollen Zügen. Wir sehen uns nur noch gelegentlich. Viele aus meinen ersten Jahren bei *Surprise* sind nicht mehr da. Pensioniert. Weggezogen. Die Arbeitsstelle gewechselt. Nicht mehr mobil. Bettlägerig. Und nicht Wenige weilen nicht mehr unter uns.

Wieviel Abschied erträgt ein Mensch?

# Der Wetterbericht

Der Wetterbericht ist mir unverzichtbar, um zu wissen, wie ich mich am nächsten Tag anzuziehen habe. Ich halte mich da ganz an SF Meteo. Die dortigen Meteorologen bestechen mit einer unglaublichen Trefferquote. Nur mit deren Wetterstatistiken habe ich manchmal meine liebe Mühe.

Da meine ich zuweilen, der vorangegangene Monat sei viel zu kühl, zu regnerisch und zu sonnenarm gewesen. Und ich bin mir da jeweils ganz sicher. Doch die Statistiken der Meteorologen, akkurat geführt und präsentiert, sagen etwas ganz anderes.

Ob wohl oder übel muss ich klein beigeben, mir meinen Irrtum zugestehen. Was bleibt mir auch anderes übrig. Mit den Messungen und Statistiken der Meteorologen kann ich nicht konkurrieren. Die Beweislage spricht klar für sie. Deren Statistiken sind unbestechlich. Temperaturen in Grad, Regenmenge in Millimetern, Sonnenschein in Stunden, der langjährige Durchschnitt im Vergleich: Täglich alles fein säuberlich gemessen und dokumentiert. Dagegen komme ich mit meiner subjektiven Wahrnehmung nicht an. Gegen fundierte Zahlen, ohne selber handfeste Beweise vorbringen zu können, hat man einen schweren Stand.

Trotzdem, ich will es nicht wahrhaben. Zweifelnd höre ich der Wettersprecherin zu und betrachte skeptisch deren Grafiken und Tabellen, die sie fröhlich und strahlend kommentiert. Ich weiss doch noch genau, wie oft ich im letzten Monat meinen Regenschirm am Abend zum Trocknen hingestellt habe. Oder wie oft ich mir eine warme Jacke übergezogen habe. Davon sagt sie nichts. Auch nicht ihre Statistiken. Ich vergewissere mich: Sie spricht vom letzten Monat, so wie ich. Daran kann unser unterschiedliches Fazit also nicht liegen.

Auch bin ich mit letzter Sicherheit nicht auf einem ausländischen Fernsehkanal zugeschaltet, wo logischerweise nicht das hiesige Wetter analysiert werden würde. Die Sprecherin, der ich zuhöre, kenne ich seit Jahren aus vielen vorherigen Wettersendungen. Sie ist mir im Übrigen sehr sympathisch. Nur heute bringt sie mich ins Grübeln.

Nach ihr gab's im letzten Monat nur ein paar Tropfen Regen, ansonsten soll, bei angenehmen Temperaturen, eitel Sonnenschein geherrscht haben.

Hat sie sich bei den vielen Statistiken vielleicht vertan und aus Versehen welche aus einem anderen Jahr oder gar aus einer ganz anderen Gegend erwischt? Sind ihr vielleicht Tabellen von den Fidschi-Inseln untergekommen? So ein Versehen wäre doch immerhin mal möglich, bei den vielen Wettertabellen.

Da aber weder von ihr noch von anderer Seite ein Dementi kommt, auch nicht am nächsten Tag oder in den folgenden Tagen, schliesse ich ein Versehen ihrerseits endgültig aus.

Warum suche ich den Fehler auch bei anderen und nicht bei mir? Ich habe mich geirrt. Basta! Meine Wahrnehmung hat sich geirrt. Basta! Ich gebe es zu. Warum nicht gleich so?

Dinge auch mal kritisch sehen, ist notwendig. Wenn auch nicht ausgerechnet bei Wetterstatistiken.

Übrigens: Für morgen ist prächtiges Sommerwetter angesagt. Mich freut's. Von Kopf bis Fuss leicht bekleidet – so stehe ich am liebsten mit meinen Heften in der Hand.

# Zwei erstaunliche Erkenntnisse, die ich während meiner Arbeit als *Surprise*-Verkäufer gewonnen habe

**Erstens:**

Es gibt viel mehr gläubige Menschen, als man gemeinhin so denkt. Hätte ich alle christlichen Schriften und Tonträger, die ich im Lauf der Jahre bekommen habe, aufbewahrt, sie würden ein ganzes Tablar in meinem Regal füllen. Hat jemand ein biblisches Traktat in der Tasche, so bin ich der Auserwählte, der es in schier feierlicher Manier überreicht bekommen wird, meist verbunden mit der Frage: «Glauben Sie an Gott?» Es kommt auch vor, dass sie, für meinen Geschmack, in ihrem missionarischen Eifer überborden und gleich an Ort und Stelle mit mir beten wollen, um, wie ich vermute, mich so wohlwollend auf den rechten Weg zu bringen. Ich denke: Das ist ein Witz. Irrtum! Es ist deren heiliger Ernst. Nun ist die Bahnhofsunterführung zu Rapperswil aber weder mit einer Kirche noch mit einem stillen Kämmerlein zu vergleichen. Nicht nur wegen der Räumlichkeit. Es herrscht hier reger Betrieb und zwar nicht kirchlicher, sondern doch eher weltlicher Natur. Männer, Frauen und Kinder gehen ihren Geschäften, Verpflichtungen und Freizeitbeschäftigungen nach. Ein emsiges Kommen und Gehen. Komisch, sie alle bleiben von den Missionierenden verschont. Ausser ich! Ich allein bin deren Opfer. Das irritiert mich. Herrgott nochmal, bin ich denn sündiger als alle anderen, bloss weil ich das Strassenmagazin *Surprise* verkaufe? Sehen die darin eine Strafe Gottes, welche ich, in aller Öffentlichkeit an den Pranger gestellt, zu verbüssen habe? Wenn dem so ist, ist er ein gnädiger Gott, denn er kennt mich ja und weiss also, dass ich dieses Heft sehr gerne verkaufe und dies deshalb für mich keine Strafe wäre. Nehmen wir also an, ich verbüsse eine Strafe Gottes. Immerhin bekomme ich während meines Strafvollzuges, wohl wegen guter Führung, des Öfteren zu hören: «Sie machen einen guten Job.» – «Es ist schön, dass Sie da sind.» – «Wir würden Sie vermissen.» – Mal hat mir jemand zugerufen: «Das ist Ihre Berufung!»

Um die Frage «Glauben Sie an Gott?» noch zu beantworten: Ich glaube nicht. Ich weiss. Es gibt Dinge im Leben, die weiss man einfach.

\* \* \*

**Zweitens:**
Es gibt viel mehr gute Menschen, als man gemeinhin so denkt. Nach siebzehn Jahren auf der Strasse, nach x-tausend Begegnungen und Gesprächen erlaube ich mir dieses Urteil mit reinem Gewissen.

Ein aufgebrachter Herr hat mich mal gefragt: «Wo sind sie denn, die vielen guten Menschen, von denen Sie reden? Warum gibt es denn trotzdem so viel Leid, Not und Elend auf dieser Welt?»

Das Problem: Gutmenschen streben nicht nach Macht. Sie sind weder gierig noch herrschsüchtig. Gutmenschen benutzen ihre Ellbogen nicht. Sie drängeln nicht vor. Sie sind leise. Sie tun Gutes meist im Stillen. Sie scheuen das Rampenlicht. Man sieht sie kaum. Man hört sie kaum. Sie sind nicht laut. Sie schreien nicht. Aber sie sind da, schier unbemerkt. Und es sind derer viele. Sie hängen nichts an die grosse Glocke. Sie machen kein grosses Tamtam. Sie tun einfach Gutes und sie tun's überall, unbeirrbar.

Sie werden verlegen, wenn man im Gespräch auf sie zu sprechen kommt: darauf, was sie tun, wer sie sind, wie sie leben. Was wäre ohne sie?

Das wissen wir nicht, das können wir nur ahnen, denn deren Wirken und Wirkung sind nicht messbar, weder in Zahlen, noch in Weite, noch in Gewicht. Deren Wirkung ist unermesslich!

Wir haben auch viele gute junge Leute.

Es ist unsere Pflicht, ihnen Mutter Erde lebenswert zu hinterlassen. Also Stopp der Zerstörung!

Zuerst war die Natur. Dann kam der Mensch …

* * *

**Ich stelle mir vor:**
Es ist nun rund sechzigtausend Jahre her.

Zwei Neandertaler sitzen nach erfolgreicher Jagd am Lagerfeuer, auf dem Spiess über dem Feuer einen fetten Braten, in der Hand die neueste Ausgabe vom «Nachrichtenmagazin», der hiesigen Tageszeitung.

«Du, Basti», sagt Theo zu Basti, «lies mal auf Seite achtzehn. Da steht ein interessanter Artikel über die Moderne, wie es dort so ist und wie die dort so leben.»

Beide vertiefen sich also in die Reportage über die Moderne, lesen über die Neuzeit, die in fernen Tagen stattfinden wird, bestaunen auf farbigen Fotos die unglaublichsten Sachen, anscheinend alle von Menschenhand erschaffen, und sind entzückt über die mannigfaltigen Annehmlichkeiten und Vorteile, die ein modernes Leben mit sich bringt. Sie lesen in diesem Artikel aber auch über die enormen Probleme, welche sich die Menschen dort mit ihren Errungenschaften aufgehalst haben.

«Du, Theo» sagt Basti, «das ist eine Fortsetzung. In den nächsten Tagen gibt's mehr über die Moderne zu lesen.»

«Hmmm», sagt Theo und rümpft die Nase: «Es riecht verbrannt.»

«Mist, vor lauter Lesen haben wir unseren Braten über dem Feuer vergessen», ruft Basti.

Eilig machen sie sich heisshungrig über ihren Braten her.

In den nächsten Tagen lesen Theo und Basti in ihrer Zeitung emsig über die Moderne.

«Du, Basti, die haben dort Luft- und Umweltverschmutzung», sagt Theo.

«Und Erderwärmung und Klimawandel. Denen schmelzen die Gletscher und das Polareis weg», sagt Basti.

«Schöne Sauerei», brummt Theo. «Das alles kommt davon, wenn man den Hals nie voll genug bekommt und immer mehr und noch mehr will.»

«Das ist strub», sagt Basti.

«Hmmm», sagt Theo, «die haben ein schönes Kuddelmuddel.»

«Unsereiner verzichtet auf vieles und trägt zu allem Sorge und die machen einfach alles kaputt», sagt Basti.

«Schöne Sauerei», brummt Theo wieder. «Wir machen kein $CO_2$ und kein Plastik. Wegen der Umwelt. Wissen die in der Moderne das denn nicht: Geht unser Planet kaputt, geht auch alles Leben darauf kaputt. Dann haben sie auch nichts mehr von all ihrem bequemen und modernen Zeugs. Aber so wie's aussieht, ist denen alles wurscht.»

«Das hast du aber schön gesagt, Theo», sagt Basti.

«Ja, ja, endlos Autos, Flugzeuge und Fabriken bauen und dann $CO_2$ machen, das können die, aber von der Ökologie haben die keine Ahnung. Und ohne Ökologie geht alles futsch», sagt Theo. «Und Lachgas machen die auch, wenn sie ihre Felder düngen, und ihre Kühe furzen und rülpsen Methan und das macht die Umwelt auch kaputt. Die haben eine Milliarde Kühe. Die jagen nicht. Die kaufen das Fleisch in der Metzg.»

«Was du so alles weisst, Theo», sagt Basti.

«He, da steht's doch, da in der Zeitung», sagt Theo. «Und die brennen die Wälder ab und der Permafrost schmilzt denen auch weg und das alles macht noch mehr $CO_2$. Eine Sauerei ist das.» – «Das macht mich wütend», sagt Basti.

«Was denn?», fragt Theo.

«He, das», sagt Basti. «Die machen unsere Erde futsch.» «Hmmm», sagt Theo.

«Ach, wie gut haben wir es doch, dass wir in der Steinzeit leben!», sagt Basti.

«Na ja», sagt Theo, «mal in so ein Flugzeug steigen und in den Urlaub fliegen wäre schon toll.»

«Wohin willst denn du in den Urlaub fliegen?», fragt Basti.

«Na ja. Vielleicht in die Karibik oder auf die Seychellen», sagt Theo.

«Und wo liegt das?», fragt Basti.

«Das weiss ich auch nicht so genau», antwortet Theo, «aber der Pilot im Flugzeug weiss das sicher schon.»

«Und was willst du dann in der Karibik oder auf den Seychellen machen?», fragt Basti.

«Natürlich was alle da machen. Am Strand in der Sonne liegen», antwortet Theo.

«Und dir den Sonnenbrand holen und dann wieder die ganze Zeit wegen ein bisschen Sonnenbrand herumlamentieren.»

«Hmmm», brummt Theo, «das war doch nur ein Jux. Ich flieg' doch gar nicht in die Karibik oder auf die Seychellen.» – «Wir haben ja auch gar kein Flugzeug», sagt Basti.

«Eben», sagt Theo.

Nach einer Weile des Nachdenkens fährt Basti fort:

«Aber was ist, wenn das ganze $CO_2$ zu uns kommt? Dann geht bei uns doch auch alles kaputt.»

«Hmmm», sagt Theo, «das kommt schon nicht zu uns. Das gibt's doch noch gar nicht. Das ist doch erst in der Moderne.»

«Aber was ist, wenn die Moderne zu uns in die Steinzeit kommt?», sagt Basti.

«Hmmm», sagt Theo, «die Moderne kann nicht zu uns kommen. Die kann nicht zurück.»

«Ach so», sagt Basti. Dann sind wir hier in der Steinzeit also sicher vor der Zukunft.»

«Ich denke schon», sagt Theo.

«Dann ist gut», sagt Basti.

«Du, Theo ...»

«Was, Basti?», fragt Theo.

«Also, weisst du, Theo», sagt Basti, «denen in der Moderne sollte man mal die Leviten lesen.»

«Hmmm», sagt Theo, «und womit willst du denen die Leviten lesen?»

«Damit!», sagt Basti und fuchtelt wild mit seiner Keule rum.

«Hast du's nicht in der Zeitung gelesen, Basti», sagt Theo, «die haben Pistolen, Gewehre und Kanonen. Damit können die uns schon von weitem totschiessen. Da nützt dir deine Keule gar nichts, Basti.»

«Stimmt, Theo», sagt Basti.

Basti denkt nach. Dann sagt er: «Dann halt mit Diplomatie.»

«Hmmm», brummt Theo, «das könnte vielleicht gehen. Mit Diplomatie könnte man denen vielleicht die Leviten lesen. Aber darüber müssen wir gar nicht nachdenken. Wenn die Moderne kommt, sind wir schon längstens gestorben.»

«Aber was können wir sonst tun, dass es in der Moderne mit dem $CO_2$ nicht soweit kommt?», sagt Basti.

«Hmmm», sagt Theo, «unsere Kinder so erziehen, dass sie kein $CO_2$ machen. Und unsere Kinder müssen ihre Kinder so erziehen, dass sie kein $CO_2$ machen und kein Plastik und keinen Müll und die Wälder nicht abbrennen. Und unsere Urgrosskinder müssen ihre Kinder wieder so erziehen, dass sie kein $CO_2$ machen und zur Umwelt Sorge tragen, und so weiter.»

«Genau», sagt Basti, «so machen wir das. Was du immer für Ideen hast, Theo. So machen wir das.»

«Wo sind eigentlich die Kinder?», fragt Theo.

«Die spielen im Wald», sagt Basti.

«Wären wir jetzt in der Moderne, wären sie am Handy und würden gamen oder chatten», sagt Theo.

«Und wir vielleicht auch», sagt Basti.

«Haben wir es doch gut, dass wir nicht in der Moderne leben!», sagt Theo.

«Ja», sagt Basti, «so ganz im Einklang mit der Natur leben und zu ihr Sorge tragen, das ist schon toll.»

«Die von der Neuzeit können noch viel von uns lernen», sagt darauf Theo.

Aber nun zurück in die Bahnhofsunterführung zu Rapperswil.

\* \* \*

Vor ein paar Jahren habe ich eine ältere, zierliche, feingliedrige Frau von kleiner Statur, nachdem sie mir zum x-ten Mal ein Heft abgekauft hat, gefragt, ich weiss nicht warum: «Haben Sie Kinder?» Hat sie nun Kinder oder hat sie nicht? Ich kann es nicht sagen. Ich weiss es nicht mehr. Ich habe sie auch nie mehr danach gefragt. Denn was sie mir auf meine Frage hin, beinahe verlegen erzählt, lässt alles andere verblassen, ja, zur Randnotiz werden. Sie hat in ihrem Leben sage und schreibe zwanzig, und das ist kein Schreibfehler, zwanzig Pflegekinder grossgezogen. Nicht alle zwanzig zusammen. So nach und nach. Wenn die einen flügge wurden, nahm sie die nächsten bei sich auf. Es kann nicht anders sein; sie muss all diesen Kindern ein glückliches Zuhause geboten haben und ihnen eine liebende und fürsorgliche Mutter gewesen sein. Denn ausnahmslos alle pflegen nach wie vor regen Kontakt mit ihr. Allenthalben wird sie von einem ihrer Pflegekinder eingeladen. Jedes Jahr schenken sie ihr gemeinsam zwei Wochen schöne Ferien irgendwo. Und einmal im Jahr treffen sich alle zu einem grossen Familienfest zu dem immer alle kommen, die nicht aus einem wichtigen Grund unpässlich sind. Dazu muss ein grosser Saal angemietet werden, denn ihre Familie ist inzwischen ganz gehörig angewachsen. Verschmitzt lächelnd erzählt sie mir, dass sie bereits vielfache Gross- und mehrfache Urgrossmutter ist.

Ich stehe sprachlos da, höre ihr zu und staune. Ich sehe sie jetzt nicht mehr so oft. Aber wenn ich sie sehe, begegne ich ihr mit grösstem Respekt und mit Bewunderung. Hut ab vor so viel ... Ich finde kein passendes Wort.

Begegnungen: Sie sind das Salz des Lebens.

# Häufige Fragen, wobei meine Antworten nicht immer ernst zu nehmen sind

«Kann ich ein Heft bei Ihnen kaufen?» Ich überlege. «Ok, weil Sie so nett gefragt haben, mache ich eine Ausnahme und verkaufe Ihnen ein Exemplar.» Verdutztes Lachen. «Sie müssen wissen, ich bin schon wählerisch mit meiner Kundschaft. Da kann also nicht jeder Löli bei mir vorbeikommen und ein Heft kaufen. Nicht mit mir. Wo kämen wir da auch hin.» Gelächter.

«Wie viele Hefte verkaufen Sie so pro Tag?» – «Mal mehr, mal weniger.» – «Ich meine wie viele an der Zahl?» – «Aha, mal mehr mal weniger.»

«Sie stehen da unten in der Kälte und oben scheint die Sonne.» – «Ich gebe mich überrascht. Ah ja, ist das weit weg von hier?»

«Sind Sie von Rapperswil?» – «Nein. Aber was wollen Sie wissen?» – «Wo geht's hier zum See?» – «Ich bin sprachlos.»

«Hätten Sie gerne einen Kaffee? Ich würde Ihnen einen holen.» – «Ja, ich würde gerne einen Kaffee trinken. Ein Café Crème mit einem Zucker, einem Rahm, ohne Deckel, aber mit Becher.»

«Ein *Surprise*, bitte schön.» – «Ich hab's gewusst, dass Sie mir ein Heft abkaufen.» – «Woher haben Sie das gewusst?» – «Also gewisse Indizien haben dafür gesprochen. Ich bin eben kriminalistisch gut geschult.» Belustigung und fragender Blick. «Woher das denn?» – «Ich schaue *Tatort*.»

«Ich bin schon hundert Mal an Ihnen vorbeigelaufen, jetzt kaufe ich Ihnen mal ein Heft ab.» – «Hundert Mal stimmt genau. Ich habe mitgezählt.»

«Nehmen Sie auch Kleingeld? Ich habe so viel davon.» – «Ja klar, ich helfe Ihnen gerne, Ihr Portemonnaie zu erleichtern.»

«Können Sie auf eine Hunderternote zurückgeben?» – «Ja, kann ich, ich bin zur Zeit so wohlhabend, dass ich locker auf einen Hunderter zurückgeben kann. Man ist halt *Surprise*-Verkäufer.»

«Es ist so kalt in dieser Unterführung. Sie bräuchten eigentlich eine Heizung.» – «Nur bringen. Boden- und Wandheizung wegen meines Rückens wären mir recht. Ich lasse Ihnen freie Hand.»

«Wie können Sie bloss so lange stehen?» – «Ja, das frage ich mich manchmal auch.»

«Jetzt sind Sie immer noch da?» – «Nein, ich bin nicht mehr da. Ich bin schon zu Hause.»

Manchmal sage ich unter dem Siegel der Verschwiegenheit: «Dass ich *Surprise*-Verkäufer bin, ist nur Tarnung. Eigentlich bin ich Geheimagent.» – «Sind Sie beim KGB?» – «Nein, beim Mossad.»

Ernst sein oder Scherzen. Alles hat seine Zeit. Ich mag es, wenn ich Menschen auf die eine oder andere Weise aufheitern und zum Lachen bringen kann.

* * *

Ich bin mal aufgewachsen. In einem nahen Dorf gab es damals einen zugegeben fülligen Briefträger, der die Post auf seinem gelben Post-Moped ausgetragen hat. Das allein wäre ja nicht erwähnenswert, hingegen das, was ich dem hinzuzufügen habe, durchaus: Er tat dies das ganze Jahr über nur mit T-Shirt und kurzer Hose bekleidet, wohlgemerkt, AUCH IM WINTER, auch bei Eis und Schnee. Immerhin, bei Regen und Schneefall hat er sich einen Regenschutz übergezogen. Es wurde gemunkelt, das mache er aber nur, damit die Briefe beim Austragen nicht nass würden. Krank war er nie. Aber weit herum bekannt.

Ich stelle mir vor, ich stehe im Winter in kurzer Hose und T-Shirt in der Bahnhofsunterführung zu Rapperswil und verkaufe so meine Hefte. Mich schaudert's schon beim blossen Gedanken. Da bleibe ich doch viel lieber bei meinen fünf bis sechs Schichten Leibchen, Pullovern und Jacken sowie langen Thermohosen. Just in dem Moment geht ein Mann an mir vorbei; knabbert er doch tatsächlich, im tiefsten Winter, an einem Glacé rum. Mich schaudert's grad noch mal.

Es ist also Winter. Ich werde gefragt:» Frieren Sie nicht? Es ist so kalt.» Was ich auf diese Frage hin so alles zu antworten habe:

«Ja schon, aber nur am linken grossen Zeh. Sonst geht's. –

Einfach nicht daran denken. Ausblenden. Zwischendurch klappt's. –

Ja nu, ich freue mich auf die Wärme im Zug, zuhause, auf den Frühling.

Vorfreude ist bekanntlich die schönste Freude. –

Ja schon, aber so lange nichts abfriert, ist alles im grünen Bereich. –

Ja nu, es tut nur so lange weh, bis man ein Eiszapfen ist.

Ist man ein Eiszapfen, spürt man nichts mehr. –

Nein, ich bin nicht so dick wie es scheint, ich trage sechs Schichten. –

Ich gestehe es freimütig: Ich stehe schon lieber, wenn's warm ist.»

\* \* \*

**Ich stelle mir vor:**
Um mich aufzuwärmen, begebe ich mich in ein Restaurant und bestelle Kaffee. Entrüstet schaut mich die Serviertochter an und sagt mit hochgezogenen Augenbrauen und in forschem Ton: «Wir sind ein veganes Lokal. Wir haben keinen Kaffee.»

Na ja, was soll ich sagen, damit habe ich nun wirklich nicht gerechnet. Ungläubig blicke ich sie an und frage verdutzt: «Was hat jetzt das Eine mit dem Anderen zu tun?»

«Ja wissen Sie das denn nicht», herrscht sie mich an, «Kaffee ist ein tierisches Produkt.»

Völlig überrumpelt und verdattert entweicht mir ein dümmliches: «Aha.»

«Das ist doch ganz einfach», belehrt sie mich und fährt fort: «Bienen bestäuben die Kaffeeblüten. Ohne Bestäubung der Kaffeeblüten keine Kaffeebohnen und ohne Kaffeebohnen kein Kaffee. Am Anfang vom Kaffee steht also die Biene. Folglich ist Kaffee ein tierisches Produkt. Und da wir ein veganes Lokal sind, führen wir keinen Kaffee. Aber Ersatzkaffee kann ich Ihnen anbieten.»

Ich habe genug gehört und nach Ersatzkaffee ist mir nicht. So hole ich mir meinen Kaffee wie gewohnt im Kiosk in der Bahnhofsunterführung zu Rapperswil, mir gegenüber.

Ob kalt oder warm oder was auch immer: Das Leben besteht nicht nur aus dem blossen Dasein. Hinter dem Leben steckt viel, viel mehr.

# Warum *Surprise?*

Nach einer missratenen Augenoperation – ich sehe seither schlechter als vorher – musste ich 2005 meine Stellung aufgeben. Ich komme aus der grafischen Branche. Da ist ein gutes Auge notwendig, sonst geht das nicht. Von Anfang an war mir aber klar: Ich will keine IV-Rente. Ich wollte unbedingt frei und unabhängig bleiben und niemandem Rechenschaft schuldig sein. Denn Freiheit und Unabhängigkeit sind schon immer fundamentale Grössen in meinem Leben gewesen. Und Stubenhocken liegt mir sowieso nicht. So habe ich nach Möglichkeiten gesucht und bin auf Umwegen zu *Surprise* gestossen.

Und *Surprise* hat mir so viel gegeben und *Surprise* gibt mir so viel. Nicht nur Lohn und Brot. Unzählige Begegnungen mit vielen tollen, interessanten und besonderen Menschen. Bekanntschaften und Freundschaften, die ich durch meine Arbeit als *Surprise*-Verkäufer schliessen durfte, Dinge, die ich der Gesundheit gleichsetze. Und keinen dieser Menschen hätte ich in meinem alten Leben kennen gelernt. Dieser Gedanke lässt mich erschauern. Viel Wertvolles hätte ich in meinem alten Leben verpasst. Auch das Schreiben. Denn auch zum Schreiben bin ich durch *Surprise* gekommen.

\* \* \*

Doch ich bin beim Winter stehen geblieben. Für mich als ausgesprochener Sommermensch keine einfache Jahreszeit. Nebel, Wolken, Regen. Kurze Tage, lange Nächte, rare Sonne. Und es dünkt mich, die Wintermonate setzen mir von Jahr zu Jahr mehr zu. Ich beneide die Katzen meiner Schwester. Sie ergeben sich schnurrend einem Winterschlaf ähnlichen Zustand, wechseln nur gelegentlich gähnend und träge ihr Plätzchen und bemühen sich sonst nur zum Fressnapf hin.

* * *

Vorbei die Tristesse der letzten Tage. Stahlblauer Himmel. Gülden steht die Sonne am Himmel. Schnee liegt bis hin ins Flachland auf Wiesen und Feldern. Äste von Bäumen und Sträuchern biegen sich ächzend unter der schweren, weissen Pracht. Es glänzt, glitzert und funkelt im lichten Sonnenschein. Eine Märchenlandschaft öffnet sich uns.

Ich stehe in der Bahnhofsunterführung zu Rapperswil und verkaufe meine *Surprise*-Hefte. Eine liebe Bekannte und treue Stammkundin, in voller Langlauf-Montur, steuert auf mich zu. Ein herrlicher Tag, schwärmt sie und fährt fort: Ich nehme dich in Gedanken mit an die Sonne, auf die Loipe, in den Schnee. Und sie meint das ernst.

* * *

**Ich stelle mir vor:**
Hocherfreut über diese tolle Mitgehgelegenheit überlege ich nicht lange und sage ihr sofort zu. Subito schlüpfe ich mit Haut, Hut und Haar in ihre Gedanken, mache es mir, bevor sie es sich doch noch anders überlegt, dort bequem, und gehe, sozusagen im Huckepack, erwartungsfroh mit ihr des Weges. Selber, also ganz konkret, gehe ich nur ungern in den Schnee. Denn trotz Sonne und Herrlichkeit ist und bleibt Schnee nass und kalt. Schnee, haltbar bei 20 Grad Celsius, das wär was für mich.

Wir fahren mit dem Zug. Sie liest das Heft *Surprise*, das sie gerade eben bei mir gekauft hat. Eine gute Wahl. Ich äuge, bäuchlings in ihren Gedanken liegend, versonnen aus dem Fenster und sättige Herz und Seele an der vorbeiziehenden weissen Pracht. Schnee gepaart mit Sonne. Es glänzt und gleisst. Was für ein Spektakel. Obwohl: Im Zug könnte sie ihr Stirnband schon abstreifen. Gut gebettet in ihrem Oberstübchen komme ich so langsam ins Schwitzen. Ihren Gedanken entnehme ich, ich bin ja mittendrin, dass sie zwischen den Zeilen ihrer Lektüre auch an mich denkt. Das ist so lieb von ihr. Sie denkt auch an den bevorstehenden Spass im Schnee, freut sich auf dieses Vergnügen und steckt mich mit ihrer Vorfreude an. Wir können unseren Zielbahnhof kaum erwarten.

Ich war noch nie auf einer Langlaufloipe. Gerne hätte ich ihre Skier bis zur Loipe getragen. Aber gut in ihren Gedanken verpackt sind mir die Hände gebunden. War sie mal Profi? Denn bevor wir loslegen macht sie routiniert Aufwärmübungen, dehnt ihre Muskulatur, schwingt Arme und Beine und streckt sich. Interessiert schaue ich ihr zu.

Meine Bekannte denkt an mich, wie lieb von ihr, ob es mir gut geht, ob ich startklar sei, ob wir loslegen können. Wir können. Ich suche besseren Halt, falls wir stürzen sollten. Und los geht's. Erstaunlich wie leicht wir im Schnee dahingleiten. Sie ist nicht mehr die Jüngste, aber schlank und rank. Und sie ist fit und bestens in Schuss. Sie sucht ihren Rhythmus, atmet ruhig und gleichmässig. Ihr Puls weit weg vom roten Bereich, obwohl sie ja auch noch mich zu tragen hat. Respekt! Respekt! Alle Achtung!

Während sie mit Armen und Beinen sportlich arbeitet, geniesse ich unseren Ausflug in vollen Zügen. Heute ist wirklich mein Glückstag. Ich fühle mich wie in einer Sänfte getragen. Mitten im glitzernden Schnee, von der wohligen Wärme ihrer Gedanken umgeben, bin ich happy. Von meinem Logenplatz aus erfreue ich mich entzückt an der märchenhaft verschneiten Landschaft. Wäre ich heute nicht in der Bahnhofsunterführung zu Rapperswil gewesen um dort meine *Surprise*-Hefte zu verkaufen, dann wäre mir meine Bekannte nicht begegnet, und ich hätte dieses himmlische Vergnügen verpasst. Mit ihr. Im Schnee. Inmitten ihrer Gedanken. Was bin ich doch für ein Glückspilz. Im Fluss ihrer Bewegungen wähne ich mich wie auf einer Schaukel. Ich freue mich. Ich suhle mich. Ich räkle mich. Mir ist sauwohl. Zumal sie immer wieder an mich denkt und auch sonst überaus fröhliche und friedliche Gedanken pflegt, so ganz nach meinem Geschmack. Einen gedanklichen Misston wegen ein paar «Lamaschis» vor uns schiebt sie schnell wieder beiseite.

Nach einigen Überholmanövern, sicher ihrem sportlichen Ehrgeiz zuzuordnen, ist sie dann doch platt. Kein Wunder in ihrem Alter. Obwohl mir diese Überholerei viel Spass bereitet – ich klopfe mir vergnügt auf die Schenkel – mahne ich sie rücksichtsvoll zu einer Rast. Sie braucht eine Pause. Meinetwegen wäre das nicht nötig. Meinetwegen könnten wir weiter und immer weiter. Na ja, ich habe gut reden. Sie strampelt sich ab, währenddem ich gemütlich in ihren Gedanken rumhänge. Sie hört auf mich. Wir machen Rast auf einer Sonnenbank, unweit der Loipe, mit prächtigem Blick auf verzuckerte Berge die sich in der Ferne majestätisch erheben. Sie trinkt und denkt an mich, ob ich wohl auch Durst habe. Wie lieb von ihr. Sie streckt ihre Beine und lehnt sich zufrieden seufzend zurück, das Gesicht der Sonne entgegen. Wir räkeln uns wohlig und zufrieden. Das tut gut, sagt sie. Ich nehme an, sie sagt das zu mir, denn sonst ist niemand da. Uneingeschränkt gebe ich ihr recht. Ich habe nichts zu meckern. Mir ist pudelwohl. So träumen wir versonnen eine ganze Weile vor uns hin. Ziellos lässt sie ihre Gedanken treiben. Eigentlich denkt sie im Moment gar nichts. Nicht einmal an mich. Aber das ist voll okay. So habe ich auch meine Ruhe und kann mich ganz der Musse, der Sonne und der betörend flimmernden Landschaft widmen.

Ich widme mich.

Wir dösen. Wir werden schläfrig. Wir schlafen ein.

Ich erwache.

Es nachtet ein. Soeben neigt sich die Sonne hinter den Horizont und zaubert ein prächtiges Abendrot in die Dämmerung. Ich schaue und staune.

Es ist kühl geworden. Sie fröstelt. Ich nicht. Wie auch. Ich bin ja eng von ihrer Körpertemperatur umschlungen, also von ungefähr 36 Grad Celsius. Auch bei einer Unterkühlung ihrerseits wären es immer noch 32 Grad. Wie soll ich da frieren? Trotzdem: Wir müssen zusehen, dass wir nach Hause kommen. Ich wecke sie also, indem ich strampelnd gehörig Radau mache. Sie erwacht. Sie friert, schaut sich verdutzt um, weiss nicht, was los ist, muss ihre Gedanken erst ordnen, wobei ich ihr beflissen helfe.

«Ich bin wohl eingeschlafen», sagt sie. Und weiter: «Uhh, ist das kalt. Jetzt aber schnell zum Bahnhof.»

Ich stimme ihr in allem zu.

Dann denkt sie an mich, wie lieb von ihr, wie es mir wohl gehe.

Wolkenloser Nachthimmel. Voll leuchtet der Mond über der Loipe und beschert uns spärliches, aber genügend Licht. Wir sind jetzt mutterseelenallein auf der Loipe. Weit und breit ist niemand zu sehen. Auch im Mondschein glitzert reizvoll der Schnee. Aber es geht nicht mehr so flott voran wie noch eben am Nachmittag. Die Muskulatur meiner lieben Bekannten ist erkaltet. Die Beine müde. Die Arme kraftlos. Ihre Gedanken träge. Verschwitzt von Überholmanövern und überhaupt; so hat sie sich an die Sonne gesetzt und bis in die Dämmerung hinein geschlafen. Ihre feuchte Kleidung wärmt nicht mehr. Schon nach kurzer Zeit ist sie verdrossen, erschöpft.

Was kann ich für sie tun? Ich Depp! Ganz einfach. Widerwillig aber notgedrungen schäle ich mich aus ihren Gedanken, meinem gemütlichen Plätzchen für Stunden, und stehe kurz danach leibhaftig neben ihr. Befreit von meiner Last, erfreut mich zu sehen und nun Gesellschaft und Ablenkung zu haben, geht es ihr sofort viel besser.

Wir plaudern angeregt, während ich, nun wieder auf eigenen Füssen, neben ihr zum Bahnhof stapfe. Mit einem ordentlichen Abendessen bedanke ich mich bei ihr für den wunderschönen

Tag, den ich in ihren Gedanken verbringen durfte, den ich ohne sie in der winterlich kalten Bahnhofsunterführung zu Rapperswil verbracht hätte.

Nun aber zurück in die Bahnhofsunterführung zu Rapperswil.

\* \* \*

Die Ostertage sind nicht mehr fern. Fleissig verkaufe ich meine *Surprise*-Hefte. Allenthalben werde ich gefragt: «Machen Sie auch Osterferien?» Zugegeben, ich kann's nicht leugnen: Nach einem trüben Winter legt sich Mattigkeit wie ein Bann über meine Sinne. Geselle Winter hat mir zugesetzt. Ermunterung, eine zünftige Portion Sonne, eine Auffrischung würden mir guttun. Der Beklemmung die Zähne ziehen.

\* \* \*

**Ich stelle mir vor:**
Ich gehe in ein Reisebüro.

Beraten werde ich von Frau Müller, so steht das auf dem Namensschild. Ich als *Surprise*-Verkäufer hätte eigentlich auch ein Namensschild. Das habe ich aber nicht dabei. Das liegt zu Hause. Also stelle ich mich, so wie sich das gehört, namentlich vor.

Frau Müller fragt mich beflissen nach meinen Wünschen.

Ich berichte ihr, dass ich mich über Ostern an einem ruhigen Ort, weitab von Autolärm, überfüllten Promenaden und Strassencafés, ein paar Tage erholen möchte. Und günstig zu haben soll es sein. Schliesslich bin ich *Surprise*-Verkäufer und kein Krösus.

«Ich glaube, da habe ich genau das Richtige für Sie», freut sich Frau Müller. «Wir haben dieses Jahr für die Osterferien ganz neu im Angebot:

‹Ferien im Stau am Gotthard›.»
Pause.

In meinem Hirn überschlagen sich die Gedanken. Will die mich veräppeln? «Ferien im Stau am Gotthard». Das kann jetzt aber nur ein Scherz sein.

Obwohl Frau Müller meinen Unmut bemerkt, legt sie unbeirrt nach:

«Diese Destination entspricht ganz Ihren Wünschen. Im Stau am Gotthard sind Sie weitab von jedem Autolärm. Alle Motoren stehen still. Weit und breit keine überfüllten Promenaden oder Strassencafés und das alles für nur 45 Franken pro Tag und Nacht.»

Erwartungsvoll sieht mich Frau Müller an.

Ferien im Stau am Gotthard. Na sowas! Für 45 Franken pro Tag und Nacht! Wo bin ich da bloss hineingeraten? Ungeniert mache ich meinem Unmut Luft, wünsche Frau Müller im Gehen schöne Osterferien im Stau am Gotthard und lasse sie dann in ihrem Reisebüro sitzen.

Kaum bin ich draussen, gerate ich ins Grübeln und überlege mir: Andererseits könnte ich im Stau am Gotthard bestimmt eine Menge *Surprise*-Hefte verkaufen. Denn Zeit zum Lesen ist dort ja genug.

\* \* \*

Apropos Erholung: Ich als fleissiger und begeisterter Badigänger freue mich ungemein auf die nahende Badesaison. Am und im Wasser – das ist meins. Das ist Erholung pur. Obwohl: Stundenlang an der brütenden Sonne liegen, so wie ich das früher, ein Buch lesend, zu tun pflegte, das muss auch nicht mehr sein. Aber in der Badibeiz, mit Sonnenbrille und Strohhut unter einem Sonnenschirm sitzend Kaffee trinken, dem Plätschern des Wassers lauschen, vergnügten Kindern bei ihren Wasserspielen zusehen, eine kühlende Brise im Gesicht, wolkenloser Himmel, gleissende Sonne.

Und dann der Moment, wenn ich ins Wasser steige – wohltuendes Prickeln auf der Haut, der ganze Körper von Wasser umgeben – erfrischend, erlabend, erquickend, den Lebensgeistern eine Freude. Wasser, das Element, aus dem wir Menschen angeblich einst als Amöben entstiegen sind. In der Badi – das ist für mich wie Urlaub. Als Kind wollte ich nicht etwa Polizist, Lokführer, Feuerwehrmann oder Pilot werden. Mich hat der Bademeister fasziniert.

Als einst guter Schwimmer und Taucher habe ich schon in ganz jungen Jahren das SLRG-Brevet erworben und später tatsächlich zwei Saisons als Bademeister gearbeitet.

Im Wasser gleiten. Mit kräftigen Schwimmzügen oder, so wie es sich in meinem Alter gehört, ganz gemächlich Bahnen ziehen, kühles, erfrischendes Nass im Gesicht, an den Haaren, ringsum. Ach, wie ich das liebe.

# Mein Beruf:
## *Surprise*-Verkäufer

Meine Berufsbezeichnung ist *Surprise*-Verkäufer; auch ganz offiziell. Seit fünfzehn Jahren schreibe ich in der Steuererklärung bei der Berufsfrage *Surprise*-Verkäufer hin. Und bisher hat das Steueramt noch nie reklamiert, *Surprise*-Verkäufer sei kein Beruf, so könne man sich seine Brötchen nicht verdienen, ich müsse mein Einkommen also nicht versteuern. Fragt mich sonst jemand nach meiner Arbeit: Ich bin *Surprise*-Verkäufer. Und ich sage das nicht ohne Stolz, denn ich weiss: *Surprise* verkaufen ist nicht jedermanns Sache, so wie nichts jedermanns Sache ist. Sich so ganz allein auf die Strasse hinstellen ist nicht ohne.

Gelegentlich vermisse ich an meinem Job das Arbeiten im Team, das Miteinander. Gemeinsam etwas erarbeiten, etwas herstellen, sich im Beruflichen austauschen, mit Arbeitskolleginnen und Arbeitskollegen. In der Gruppe etwas erreichen und fertigstellen. Ja, das fehlt mir gelegentlich.

Besonders damals, in den Jahren 2020/2021, während der Corona-Pandemie habe ich das stark empfunden. Wir stehen ja an und für sich nicht allein. Wir stehen mittendrin im Leben und unter Menschen. Das «Allein» betrifft nur die Ausführung unseres Berufes, nicht das Dasein währenddessen.

Doch damals, mit der Maskenpflicht, waren plötzlich alle Gesichter weg, hinter einer Maske verschwunden. Ich habe die Gesichter vermisst. Sie sind ein Teil unserer Identität, unserer selbst.

Gesichter sagen oft mehr als tausend Worte das vermögen. Sie haben viel zu erzählen. Von Trauer, von Wut, von Bitterkeit, von Verwunderung, von Heiterkeit, von Hoffnung, vom Leben, von Liebe, vom Fröhlichsein, vom Lachen, vom zitternden Glanz der Freude und des Glücks. Doch damals waren die Gesichter verstummt. Sie waren weg, einfach weg. Verschwunden. Hinter einer Maske. Was ist ein Mensch ohne Gesicht? Immer noch Mensch, aber ohne Antlitz.

Gelegentlich ging ein Maskenverweigerer an mir vorbei, also ein Mensch mit Gesicht. Mir war es eine Freude. Ein unverhülltes Gesicht. Ein Gesicht sehen. Ein Gesicht lesen.

Auch ich trug natürlich die Maske. Und ich wurde das Gefühl nicht los; nicht ich stehe hier. Jemand anderes steht statt meiner. Und doch war ich es, der dastand. Aber ein wesentlicher Teil von mir fehlte; mein Gesicht. Ich hatte es verloren. Besser gesagt, es wurde mir geraubt.

Geblieben sind uns damals die Augen, die Fenster zur Seele.

Wir schreiben Freitag, den 29. Mai 2020. Ein grosser Tag für *Surprise*. Nach über zehn Wochen Corona-Lockdown dürfen wir ab heute unser Heft wieder verkaufen, mit Corona-Schutzmassnahmen. Endlich!!! Es war eine lange Zeit. Sämtliche rund vierhundertfünfzig Verkäuferinnen und Verkäufer stehen ungeduldig in den Startlöchern. So auch ich. In den Medien wurde von unserem Neustart berichtet.

Ich weiss immerhin: Sie sind alle wohlauf, meine Kunden und Kundinnen, Bekannten und Freunde in Rapperswil. Ich hatte in diesen zehn Wochen mit vielen regen Mail- und Briefkontakt. Eine klitzekleine Zahl: Ich habe während des Lockdowns hundertsechs Briefmarken gebraucht.

Die S5 bringt mich mit meinem Wägeli und einer Ladung Hefte nach Rapperswil. Ich gestehe, mit gemischten Gefühlen tauche ich in die Bahnhofsunterführung und beziehe Stellung an meinem gewohnten Platz. Es dauert nicht lange, bis ich die ersten bekannten Gesichter sehe und die ersten Hefte des Tages verkaufen kann.

Er ist sehr, sehr speziell, dieser 29. Mai 2020. Der ganze Tag ist ein grosses Hallo. «Wie geht's?» – «Schön, dass Sie wieder da sind.» – «Wir haben dich vermisst.» – «Ich habe Sie auch vermisst.» Gespräch knüpft sich an Gespräch. Heft für Heft wechselt seinen Besitzer. Lachen, Scherze, Freude, Besinnlichkeit. Corona immer wieder ein Thema. Nun ja, das scheint ja vorüber zu sein, wenn Wissenschaftler und Epidemiologen bloss nicht von der zweiten Welle sprechen würden. Die Stunden verfliegen im Nu. Es wird Mittag, es wird Nachmittag, es wird Abend. Mein Wägeli leert sich, meine Hefte werden weniger. Es ist ein Tag des Wiedersehens, ein Tag der Freude. Ein wunderschöner Tag.

Zwischenmenschliche Beziehungen. Begegnungen. Bekannte und Freunde. Das A und das O, das Alpha und das Omega.

# Schmunzeln Sie gerne?

Orange Mütze, oranger Pullover, orange Jacke, orange Hose, orange Schuhe, oranger Rucksack. Welche Farben er drunter trägt kann ich leider nicht sagen, aber ich tippe auf – orange. Immerhin bemühe ich mich redlich, mal einen Blick auf seine Socken zu erhaschen, doch blieb mir diese Offenbarung bisher verwehrt.

Von Kopf bis Fuss ganz in orange gekleidet, samt Accessoires. So kennt man ihn, den Mann um die vierzig. Mit erhobenem Haupt und verschmitztem Lächeln, so als hätte er nur Schabernack im Sinn, bahnt er sich während der Rushhour in der Bahnhofsunterführung zu Rapperswil seinen Weg durch die Menge, wohlwissend, dass er in seinem Aufzug einen unübersehbaren Blickfang abgibt. Selbst im Winter, wenn sich die Meisten in dunkle Farben kleiden, gibt er sich ganz in orange, ohne Scheu, ohne Scham, wie eine wandelnde Litfasssäule. Er wäre unzweifelhaft für jede Firma der ideale Werbeträger.

Doch neulich geschah das völlig Unerwartete, das Undenkbare, das Unvorstellbare. Und wenn das Unvorstellbare wahr wird, ist die Wirkung um ein Vielfaches stärker, als wenn das Vorstellbare wahr wird. Er kommt. Mütze, Pullover, Jacke, Schuhe, Rucksack, wie gehabt und stilsicher in orange. Aber was ist mit seiner Hose passiert? Trägt der Mann doch tatsächlich eine Jeans in schnödem blau! Tags darauf thront dazu auf seinem Kopf eine

Mütze in einem undefinierbaren grau-blau und noch einen Tag später erscheint er in hellblauen Sneakers. Ich frage mich: Was ist bloss mit ihm passiert? Einst Stilikone und Trendsetter. Und jetzt?

So verändern wir uns Menschen stetig. Was gestern gut war, muss es morgen nicht mehr sein.

Ich persönlich geniesse diesen Wandel. Ich möchte keinen Tag zurück.

* * *

Der Briefträger kommt. Wie jeden Tag bringt er dem Kiosk in der Bahnhofsunterführung zu Rapperswil, mir gegenüber, die Post. Danach steuert er auf mich zu und drückt mir lachend eine Ansichtskarte in die Hand. Na gibt's denn so was? Ich bin verdattert.

Als dies vor Jahren das erste Mal geschah, war die Überraschung, so wie jedes Mal danach, perfekt. Die Adresse auf der Rückseite: «*Surprise*-Verkäufer, Bahnhofsunterführung, 8640 Rapperswil». Und voilà, der Pöstler bringts. Das ist schon sehr, sehr speziell, und meine Freude ist jedes Mal entsprechend gross: über den Absender, über die Post, die mitspielt, und überhaupt wegen der Karte.

«Wo wohnen Sie?», werde ich oft gefragt. Ich kann's einfach nicht lassen. Der Schalk juckt mich. So erlaube ich mir einen kleinen Scherz und antworte mit todernster Miene: «Ich wohne hier in der Unterführung. Ich arbeite und wohne hier. In der Nacht, wenn es ruhig wird, richte ich dort beim Mauervorsprung beim Aufgang zu Gleis sechs und sieben mein Nachtlager ein und mache mir's gemütlich. Ich mache ein Feuerchen und koche mir ein warmes Süppli mit ein paar Würstli drin, um dann friedlich einzuschlafen. Am Morgen in der Früh bringe ich wieder alles in Ordnung, putze mit Schüfeli und Bäseli alles picobello sauber, so dass sich meine Stube sehen lassen kann.»

Natürlich glaubt mir diese Story, trotz all meiner Überzeugungskraft, kein Mensch. So ziehe ich dann schelmisch mein Trumpf Ass aus dem Ärmel und präsentiere triumphierend eine der Postkarten mit der Anschrift: «*Surprise*-Verkäufer, Bahnhofsunterführung, 8640 Rapperswil», inklusive Briefmarke und Poststempel. Mit diesem untrüglichen Beweis in der Hand sind schon einige für Momente ins Wanken geraten: Ist das jetzt wahr oder nicht?

Wahr oder unwahr? Richtig oder falsch? Diese Frage stellt sich oft im Leben.

\* \* \*

«Was ist heute nur los? Die Leute spinnen», sagt sie mir und fügt hinzu: «Na ja, es ist halt Vollmond.»

«Ich aber denke, es ist eher wegen des Frühlings, weil der Einzug gehalten hat. Aber sei's drum.»

\* \* \*

Ich stelle mir vor:
Frisch rasiert, mit gebügeltem Hemd, sitzt der Mann im Mond in einer schmuddeligen Bar in Havanna. «Bist du nicht der Mann im Mond?», fragt der ebenso schmuddelige Barkeeper.

«Ja, schon», antwortet der Mann im Mond. «Woher kennst du mich?»

«Na ja, ab und zu zeigst du dein Gesicht, wenn du zu uns auf die Erde runter schaust. Aber was hat dich zu uns auf die Erde verschlagen? Ist es dir auf dem Mond langweilig geworden?»

«Nein, das ist es nicht. Meine Frau macht Grossputz. Sie staubt wieder mal den ganzen Mond ab. Da habe ich mich lieber verdrückt. Sonst stehe ich auch plötzlich mit einem Wedel in der Hand da.»

«Sie staubt den Mond ab?»

«Ja. Sie sagt, damit alles seine Ordnung hat und es schön sauber ist, falls wieder mal Erdenmenschen zu uns auf den Mond zu Besuch kommen. Seit dem letzten Mal ist das eine Weile her. Meiner Frau war es oberpeinlich, wie die im Staub rumstampfen mussten. Dauernd hat sie gesagt: ‹Was die jetzt bloss von mir denken mögen, was die jetzt bloss von mir denken! Die halten mich jetzt bestimmt für eine miserable Hausfrau, die den ganzen Tag bloss auf der faulen Haut herumliegt. Ausgerechnet ich! Bei der vielen Arbeit, die ich mit dem grossen Mond habe.› So hat sie damals geredet, meine Frau. Ich hatte alle Hände voll zu tun, sie zu beruhigen. Ich selber habe mich damals wegen der Erdenmenschen köstlich amüsiert. Wie die da in ihren komischen, weissen, ungelenken Anzügen rumgehüpft sind. Das war aber auch zu drollig. Und Steine haben die gesammelt und mitgenommen! Steine! Ihr habt auf der Erde ja weiss Gott selber genug davon.»

Beflissen, wie es sich für einen Barkeeper geziemt, hört er dem Mann im Mond zu. «Meine Frau überkommt manchmal auch den Putzfimmel. In klaren Nächten kann sie aber auch stundenlang einfach nur zum Mond hinaufschauen, besonders bei Vollmond. Ich habe mich schon gefragt, ob sie wohl mondsüchtig ist. Vielleicht könnte meine Frau deiner Frau bei ihrem Mond-Putz helfen. Da kommt sie wie gerufen. – Hallo Schatz», sagt der Barkeeper, «schau mal, wer in unserer Kneipe sitzt. Erkennst du ihn?»

«Jesses!», ruft die Frau vom Barkeeper freudig und schlägt die Hände über ihrem Kopf zusammen. «Wenn das nicht der Mann im Mond ist. Na so eine Überraschung. Was führt dich denn zu uns? Ist es dir auf dem Mond zu langweilig geworden?»

Der Barkeeper klärt seine Frau über die Gründe auf und fragt sie dann: «Willst du der Frau vom Mann im Mond bei ihrem grossen Mond-Putz helfen? Du schaust doch so gerne zum Mond hinauf. Es müsste dich doch auch freuen, wenn der Mond wieder so richtig sauber ist.»

Der Barkeeper musste seine Frau nur einmal fragen. Schon machte sich dessen Frau auf zum Mond, um der Frau vom Mann im Mond beim grossen Mond-Putz zu helfen.

Inzwischen hatten sich der Bäcker und der Schuster von Havanna an die Bar gesetzt. Sie hatten die Worte vom Barkeeper noch gerade eben so mitbekommen.

«Also unsere Frauen würden beim grossen Mond-Putz sicher auch gerne mithelfen», sagte der Bäcker. Der Schuster stimmte ihm sogleich zu. «Es ist doch schön, wenn der Mond wieder so richtig sauber ist und in der Nacht wieder richtig hell leuchten kann.»

Schon wenig später machten sich die Frauen vom Bäcker von Havanna und vom Schuster von Havanna auf den Weg zum Mond, um dort der Frau vom Mond im Mann beim grossen Mond-Putz zu helfen.

Die Kunde, dass Unterstützung gesucht wird, um beim grossen Mond-Putz zu helfen, verbreitete sich in Havanna wie ein Lauffeuer. Immer mehr Frauen machten sich auf den Weg zum Mond, um der Frau vom Mann im Mond beim grossen Mond-Abstauben zu helfen, derweil sich deren nun verwaiste Männer nach und nach in der Bar vom Barkeeper einfanden und dort, dem strengen Zepter ihrer Frauen entronnen, eine Fete sausen liessen, die in die Geschichte von Havanna eingehen sollte.

Für den Mann im Mond war es an der Zeit, zu gehen. Unbemerkt, sich vergnügt die Hände reibend, schlich er sich davon.

Draussen traf er seine Frau: «Und wie siehts aus?», fragte er sie.

«Das hast du wieder super gemacht, mein lieber Mann», antwortete sie, «wie letztes Jahr in Palermo und voriges Jahr in Heidelberg. Es putzen so viele Erdenbewohner den Mond; wir stehen uns auf den Füssen rum. Bei günstiger Gelegenheit habe ich mich dann unbemerkt aus dem Staub gemacht. Morgen Abend sollten sie eigentlich fertig sein. Dann haben wir wieder ein schönes und sauberes Zuhause.»

Und während der ganzen Nacht sassen die beiden auf einer Parkbank, bestaunten ihren Mond und freuten sich diebisch, wie er von Stunde zu Stunde heller leuchtete.

Aber nun zurück in die Bahnhofsunterführung zu Rapperswil.

* * *

Und wieder einmal ist die Advents- und Weihnachtszeit vorüber. Alle Wiehnachtsguezli sind gegessen. Und ich bekomme viele Wiehnachtsguezli. Und ich liebe Wiehnachtsguezli. Das Christkind weiss ja, wo es mich findet: in der Bahnhofsunterführung zu Rapperswil. Obwohl, besser wäre ja schon, wenn ich die Wiehnachtsguezli über das ganze Jahr verteilt bekommen würde. Denn das Problem bei den Wiehnachtsguezli ist halt: Sie sind nicht lange haltbar. Das heisst; ich muss ganz schön ran an die Guezli. Lecker. Habe ich dann alle genüsslich verzehrt, bangt mir vor dem Schritt auf die Waage, denn die vielen Guezli gehen nicht spurlos an mir vorüber.

Abnehmen ist angesagt. In Sachen Süssigkeiten übe ich mich fortan also in Askese. Die Zeit drängt mit dem Abnehmen, denn schon bald ist wieder Ostern. Dann bringt mir der Osterhase viele Schoggi-Hasen. Der Osterhase weiss ja, wo er mich findet: in der Bahnhofsunterführung zu Rapperswil. Und ich liebe Schoggi-Hasen. Schoggi-Hasen wären und sind auch lange haltbar. Also grundsätzlich gesehen ist mit deren Verzehr keine Eile geboten. Mein Geist ist durchaus auch willig, doch mein Fleisch halt schwach. So kann ich auch dieser süssen Verlockung nicht widerstehen. Schliesslich hat Schoggi auch ihr Ablaufdatum, wenn auch nicht heute oder morgen, aber vielleicht schon bald, denn da steht kein Datum drauf. Lecker. Habe ich dann alle genüsslich verzehrt, bangt mir vor dem Schritt auf die Waage, denn die vielen Schoggi-Hasen gehen nicht spurlos an mir vorüber.

Abnehmen ist angesagt. In Sachen Süssigkeiten übe ich mich fortan also in Askese. Die Zeit drängt mit dem Abnehmen, denn schon bald ist wieder Weihnachten. Dann bringt mir das Christkind viele Wiehnachtsguezli. Wie schnell die Zeit doch vergeht.

Ich habe einfach kein Zeitgefühl.

* * *

Nach der freudigen Begrüssung kauft sie mir ein Heft ab und sagt: «Wir haben uns schon lange nicht mehr gesehen.» Sie hat wohl recht. Trotzdem: Mir ist, als ob es erst gestern gewesen wäre.

Mir ist alles so, als ob es gestern gewesen wäre. Auch alles, was schon viele Jahre zurückliegt.

Ich hatte gestern also einen anstrengenden Tag. Ich habe sie gestern gesehen. Dann hatte ich gestern meinen letzten Schultag. Gestern hatte ich auch meinen Lehrabschluss, meinen zwanzigsten Geburtstag und das Ende der RS ist auch gestern gewesen. An meine Geburt kann ich mich nicht erinnern. Aber die wird auch gestern gewesen sein. Gestern war ich auch im Zoo, im Kino, auf Wanderung, beim Fussballmatch, habe gelesen, musiziert, geschrieben, fleissig *Surprise* verkauft. Gestern hatte ich also einen wirklich strengen Tag. Keine Ahnung, wie ich das alles an einem Tag geschafft habe. Andere brauchen Jahre dafür.

Alles, was bisher in meinem Leben war, war gestern.

Morgen habe ich ein paar Termine, die also gestern gewesen sein werden. Das Gestern verschiebt sich jeden Tag. Heute ist der gestrige Tag gestern. Morgen wird auch ein Gestern haben, denn morgen ist heute gestern. In einem Jahr ist in dreihundertfünfundsechzig Tagen gestern. Gestern ist also nicht eine starre Grösse. Gestern ist beweglich. Gestern vor zwanzig Jahren war auch gestern, genauso wie das Heute ein Gestern hat und das Morgen ein Gestern haben wird.

Aber genug der Wissenschaft.

Nach der freudigen Begrüssung sagt sie mir: «Wir haben uns schon lange nicht mehr gesehen.» Sie hat wohl recht. Trotzdem: Mir ist, als ob es gestern gewesen wäre. Sie sagt mir: «In unse-

rem Alter darf man ruhig auch mal ein Durcheinander haben.»
Ich sage ihr: «Das war bei mir schon immer so.» Und ich erzähle
ihr, wie ich mal den Sonntag vergessen habe. Während der Lehre fuhr ich auf vielbefahrenen Strassen mit dem Velo zur Arbeit.
Doch eines Tages waren die Strassen wie leergefegt. Kaum ein
Auto unterwegs. Sämtliche Rollläden in meinem Lehrbetrieb
runtergelassen. Der Veloständer leer. Die Eingangstür geschlossen. Langsam dämmerte es mir: Es muss Sonntag sein. Und es
muss gestern gewesen sein, so kommt es mir vor. Das kann aber
unmöglich gestern gewesen sein. In der Lehre war ich von 1971
bis 1975. Jetzt schreiben wir das Jahr 2023. Das macht mich
noch ganz konfus.

Wie bitte? Ich verkaufe das Strassenmagazin *Surprise* bereits
seit 15 Jahren? Mir ist so, als wäre es erst seit gestern.

* * *

Es geschah vor vielen Jahren, während meiner Lehre. Das war
also gestern. Im Nachbarstädtchen wurde in einem der dortigen
zwei Kinos *Tarzan* gezeigt. Ich hatte Lust auf einen Kino-Abend.
Warum nicht *Tarzan*? Also ging ich hin.

Im Kino muss man sich gedulden, bis der Hauptfilm gespielt
wird. Endlose Werbung und Vorschauen auf das Kinoprogramm
der nächsten Wochen langweilen das Publikum. Es dauert. Scharren, Räuspern, Geflüster, unterdrücktes Husten; der Hauptfilm
hat noch nicht begonnen. Jetzt? Nein, es kommt ein weiterer
Vorfilm. Hat der Operateur den *Tarzan* verlegt? Dann muss ihm
jemand suchen helfen. Vielleicht die Glacé-Frau oder der Platzanweiser. Die haben im Moment anderweitig nichts zu tun.

*Tarzan* ist noch immer nicht gefunden. Ein Blick auf die Uhr
zeigt mir: Seit einer halben Stunde gibt's Werbung und Vorschauen. Langsam mache ich mir Sorgen um *Tarzan*. Denn auch
nach vierzig Minuten ist nichts von ihm zu sehen. Hoffentlich
ist ihm nichts Ernsthaftes zugestossen. Aber eigentlich kann
er ganz gut auf sich aufpassen, zumindest im Dschungel, aber

dort hat er auch seine Freunde. Wogegen hier, in der Zivilisation – kennt er hier jemanden? In der Zivilisation kann man leicht in grosse Schwierigkeiten geraten. Sowieso, wenn man sich da nicht auskennt, so wie *Tarzan*. Die Zivilisation ist kein Zuckerschlecken.

Meine Sorgen um *Tarzan* werden grösser. Fünfzig Minuten sind vorbei. Von *Tarzan* ist nichts zu sehen, auch nicht auf der Leinwand. Da singt momentan ein älterer, gut beleibter, behäbiger Herr eine Arie. Das kann unmöglich *Tarzan* sein. Dann geht im Kinosaal das Licht an, auf der Leinwand erscheint das Pausenbild. Aber keine Spur von *Tarzan*. Irgendetwas stimmt da nicht.

Bei der Glacé-Frau kaufe ich ein Glacé. Und während ich mein Glacé lutsche, betrachte ich im Foyer die Filmplakate an der Wand. Was ich da lese, klärt alles auf. Ich bin wortwörtlich im falschen Film. *Tarzan* läuft im anderen Kino des Städtchens. In diesem Kino aber wird *Anatevka* gezeigt.

Erleichterung macht sich in mir breit. Demnach darf ich also mit gutem Grund hoffen, dass mit *Tarzan* alles in Ordnung ist, trotz seines Abstechers in die Zivilisation.

Nun aber zurück in die Bahnhofsunterführung zu Rapperswil.

\* \* \*

Es herrscht reger Betrieb. Die Züge kommen und gehen. Mit ihnen Reisende. Mein Laden läuft nicht schlecht, meine Hefte gehen weg, nicht gerade wie frische Weggli, aber immerhin. Eine ältere, gross gewachsene, seriös wirkende, Vertrauen erweckende Frau – sie ist in grosser Eile – kauft mir ein Heft ab. Sie bezahlt mit einer Hunderternote und drängt auf das Wechselgeld, sie müsse zu ihren Enkelkindern. Ich denke noch: Dieser Hunderter sieht komisch aus, er dünkt mich gross vom Format her, das Papier fühlt sich in der Hand pampig an und das Blau so trüb. Ja nu, aber da steht 100 Franken drauf. Das wird also schon seine Richtigkeit haben. Dass mich diese seriös wirkende, ältere Frau auszutricksen versucht, scheint mir undenkbar. Ich gebe der Frau das Rückgeld, stecke den Hunderter achselzuckend ein und weg ist sie.

Nach einer Weile, es ist gerade ein bisschen ruhiger, nehme ich die Hunderternote genauer unter die Lupe. Mir schwant Böses. Der Schein kommt mir zwar bekannt vor, aber da stimmt einiges nicht. Zum Vergleich habe ich keinen anderen Hunderter dabei. So mache ich eine Gegenüberstellung mit einer 10-er und einer 20-er-Note. Nichts passt, weder das Format, noch das Papier, noch die Grafik, noch die Art der Farbe.

Auf der Post sagt man mir: Die Hunderternote ist wohl echt, aber sie stammt aus der vorletzten Serie, ist also nicht mehr gültig. Auch ein Umtausch in eine neue ist nicht mehr möglich. Auf der Bank bekomme ich immerhin den Hinweis, dass bei der Nationalbank ein Umtausch bis zum Ende des Monats noch möglich ist. Ich atme auf.

Ich bin der Frau nicht böse. Ich nehme an, dieser Hunderter war alles, was sie gerade noch hatte. Zu gerne wollte sie aber etwas Schönes mit ihren Enkelkindern unternehmen. So hat sie's halt probiert und mich erwischt.

\* \* \*

Peinlich! Peinlich! Es gibt sie, die peinlichen Momente bei meiner Arbeit als *Surprise*-Verkäufer in der Bahnhofsunterführung zu Rapperswil.

Ich sehe sie kommen. Seit meinen Anfängen bei *Surprise* ist sie mir eine liebe und treue Kundin und Wegbegleiterin. Regelmässig begegnen wir uns und, wenn sie Zeit hat, unterhalten wir uns angeregt. Lachend kommt sie auf mich zu. Klar, denn ein neues Heft ist im Verkauf. Aber oje, ich sehe ihr mit gemischten Gefühlen entgegen, denn mir ist ein Unglück passiert. Ich suche verbissen. Ich appelliere an mein Gedächtnis, setze aber wenig Hoffnung in dieses. Wenn eine Geschichte so beginnt, lässt es mich meist im Stich.

Fröhlich grüsst sie mich mit meinem Namen. Ich bewege mich wie auf Eiern. Sie kauft mir ein Heft ab. Beim folgenden Gespräch bin ich nur halbwegs bei der Sache. Unentwegt kreisen meine Gedanken, durchforschen mein Gedächtnis nach dem Einen, dem Vergessenen. Es ist mir so peinlich. Wir kennen uns seit zwölf Jahren, und jetzt passiert mir das schon wieder. Verflixt. Das Unausgesprochene, der von mir verschwiegene Satz: «Sorry, es tut mir so leid, ich habe deinen Namen vergessen», wird in mir immer lauter. Ich meine, inzwischen dröhnt er nach draussen und übertönt alles andere, so dass sie ihn hören müsste. Als sie sich verabschiedet, rücke ich mit der Sprache raus: «Sorry, es tut mir so leid, aber ich habe deinen Namen vergessen», sage ich zerknirscht und verlegen. Ohne jedes Aufheben nennt sie ihn mir, fügt hinzu, das passiere ihr manchmal auch, Namen seien sowieso nicht so wichtig, es genüge doch vollauf, wenn man sich kenne. Ich habe gewusst, dass sie so reagiert, denn es ist nicht das erste Mal, dass ich ihren Namen vergessen habe. Peinlich! Peinlich!

Trotz ihrer Beschwichtigungen; es ist und bleibt mir peinlich. Es gibt Dinge, da kann man einfach nicht aus seiner Haut.

\* \* \*

Zwei meiner grössten Peinlichkeiten:
Eine Frau mit Kind im Grundschulalter kauft mir ein Heft ab. Ich frage das Kind: «So, bist du heute mit dem Grosi unterwegs?» Das Kind schaut mich mit grossen Augen und stummer Verwunderung an, derweil mir die Frau sagt: «Sie, ich bin die Mutter.» Autsch!

Ähnlich: Ein Mann und eine Frau kaufen mir ein Heft ab. Ich sage: Aha, Vater und Tochter», worauf er mir sagt: «Sie, das ist meine Frau.»

\* \* \*

Eine junge Frau und Mutter mit Kinderwagen, steuert, wie sich herausstellt, in akuter, natürlicher Bedrängnis auf mich zu. Mit den Worten: «Ich muss dringend aufs Klo», lässt sie ihren Kinderwagen, samt Kind, bei mir stehen und begibt sich fix, also ohne weitere Verzögerung, zu besagtem Örtchen der Erleichterung. Da selbst mir nicht alle Tage so geschieht, bleibt mir der Mund erst mal offen. Verdutzt schaue ich ihr hinterher. Nicht so das Kind. Es schläft. Ich denke: Hoffentlich kommt die gute Frau wieder. Was mache ich sonst mit dem Kind? Nach ein paar Minuten atme ich auf. Sie kommt zurück. Ich bin erleichtert. Sie auch, doppelt. Anzufügen habe ich noch: Dem Kind ist in meiner Obhut nichts passiert.

* * *

Es ist ruhig in der Bahnhofsunterführung zu Rapperswil. Ich trällere ein Liedchen vor mich hin und stelle den Kragen meiner Jacke. Es zieht. Ein paar Papierfötzelchen und ein grauer Staubball lassen sich von der Zugluft treiben. Eines aber ist seltsam: Der Staubball macht komische Kapriolen. Er rollt nicht synchron mit dem Wind. Ein abrupter Stopp, dann liegt er für kurze Zeit bewegungslos an Ort und Stelle, rollt mal nach links, mal nach rechts, mal vor und mal zurück. Der Antrieb für sein Tun kann nicht die Zugluft sein. Ich will dem Rätsel auf den Grund gehen und nähere mich dem Staubball.

Jööö! Das ist gar kein Staubball. Es ist eine Maus. Hat sich doch tatsächlich eine Maus in die Bahnhofsunterführung zu Rapperswil verirrt.

Es kommt ein Zug, dann der nächste. Für die Maus, so scheu wie sie von Natur aus ist, wird es brenzlig, denn nun kommt Betrieb auf. Viele Menschen strömen in die Unterführung. Die Maus macht sich so klein, wie sie nur kann, duckt sich und schmiegt sich mäuschenstill ganz eng an die Wand. Doch es wird ihr zu viel, ihre Angst wird zu gross. Kopflos und panisch rennt sie los und sucht verzweifelt nach einem Versteck. Ihre Flucht bleibt nicht unbemerkt. Entzückte Gesichter, entzückte Rufe: «Jööö, schau mal, eine Maus!» Und wieder: «Jööö, schau mal, eine Maus!» Gross und Klein und Jung und Alt haben ihre helle Freude an dem kleinen Fellknäuel.

Die Maus hat keine Ahnung davon, dass sie zum Liebling der Menschen avanciert und dass ihr weiss Gott niemand auch nur ein Härchen ihres weichen Fells krümmen will. Am liebsten würde sie sich im Boden verkriechen. Denn in der Bahnhofsunterführung zu Rapperswil gibt es kein Versteck, wo sie sichere Zuflucht finden könnte. So verkriecht sie sich in heller Angst und Panik, begleitet von entzückten Blicken und Rufen, fürs Erste notdürftig hinter einem Abfalleimer, um bei passender Gelegenheit schleunigst das Weite zu suchen.

Ja, wir Menschen erfreuen uns an den kleinen Dingen, nicht an den Grossen.

* * *

Er ist pensionierter Mathematik-Lehrer. Wenn wir uns in der Bahnhofsunterführung zu Rapperswil begegnen, unterrichte ich ihn dennoch gerne in der hohen Mathematik. Seine Dankbarkeit für meine wohl verstanden unentgeltlichen Dienste hält sich aber in überschaubaren Grenzen. Er probiert nämlich immer wieder ungesehen an mir vorbeizuhuschen, nur um einer weiteren Mathe-Lektion glücklich zu entgehen.

So leicht entkommt er mir aber nicht. Heute ist wieder mal die Gleichung der drei «F» an der Reihe. Schon öfters habe ich mich deswegen mit ihm abgemüht.

Ich muss vorausschicken: Oft werde ich nach den drei «F» gefragt. Das wäre also: «Machen Sie auch mal ‹F›erien? Machen Sie auch mal ‹F›rei? Machen Sie auch mal ‹F›eierabend?» Ich habe mir die Bedeutung dieser drei Dinge erklären lassen, muss aber dazu sagen: «Nein, danke, nicht mit mir! Ich mache nicht jedes neumodische Zeugs mit. Ohne mich!»

Heute mache ich zum Beispiel wieder Trippel-Schicht, also drei Schichten am Stück. Ich rechne pro Schicht mit zehn Arbeitsstunden, arbeite heute also dreissig Stunden. Jetzt haben wir ja von vierundzwanzig bis dreissig eine Differenz von sechs. So bleiben mir also sechs Stunden zum Schlafen. Und das ist gut so. Manchmal mache ich aber auch Tetra-Schicht, arbeite also vier Schichten am Stück, habe dann also einen Vierzig-Stunden-Tag. Da wir aber zwischen vierundzwanzig und vierzig eine Differenz von sechzehn haben, würden mir also sechzehn Stunden zum Schlafen bleiben und das ist mir zu viel. Also hänge ich noch eine fünfte Schicht dran, mache also Penta-Schicht, arbeite also fünfzig Stunden. Nach Adam Riese kann ich jetzt die zehn Stunden von der Penta-Schicht von den vierzig Stunden der Tetra-Schicht abziehen, habe somit wieder dreissig Stunden, also sechs Stunden zum Schlafen, und das ist gut so.

Alles klar?

\* \* \*

Man muss sich stetig weiterentwickeln, denn wie wir wissen: Stillstand ist Rückschritt. So habe ich mir gedacht; ein bisschen Philosophie würde mir bestimmt nicht schaden. Vielleicht finde ich bei dieser Gelegenheit bei einem der vielen Philosophen ausserdem ein paar treffliche Sätze, welche ich während meiner Arbeit als *Surprise*-Verkäufer in der Bahnhofsunterführung zu Rapperswil verkaufsfördernd bei Frau und Mann anbringen kann. Kurz entschlossen lese ich die *Kritik der reinen Vernunft* von Immanuel Kant, der Titel scheint mir vielversprechend, in der Reclam-Ausgabe immerhin knapp tausend Seiten umfassend.

Und tatsächlich. Ich staune nicht schlecht, was der Mann so alles zu sagen hat. Ich nehme an, er wird auch in allem recht haben. So genau beurteilen kann ich das allerdings nicht, denn ich verstehe kein Wort von dem, was er da schreibt. Ich lese von der Apperzeption, der Inhärenz, der Rezeptivität, vom Kathartikon, vom mundus intelligibilis, von der natura materialiter spectata, der Apprehension, dem Correlatum, von der elenden Tautologie, den heuristischen Fiktionen, um nur ein paar wenige Beispiele zu nennen. Ich verstehe nur Bahnhof und mache mir um meine Weiterentwicklung grosse Sorgen, zumal selbst im Fremdwörterlexikon von Konrad Duden längst nicht alle Kant'schen Begriffe zu finden sind.

So wie zum Beispiel das Kathartikon. Ich überlege mir: Könnte Kathartikon etwas mit Karthago, der antiken phönizischen Stadt nordöstlich von Tunis zu tun haben? Sie wurde in den Punischen Kriegen zwar von den Römern erobert, hat aber vor Christus im Mittelmeerraum ein paar hundert Jahre lang eine wichtige Rolle gespielt. Demnach könnte Kathartikon also Aufstieg und Fall bedeuten.

Nur, mit Ableitungen gerät man leicht auf Irrwege. Die elende Tautologie zum Beispiel erinnert mich vom Wortlaut her an die Schlacht im Teutoburger Wald, wo im Jahre 9 nach Christus die Cherusker mit Verbündeten ein römisches Heer unter Publius Quinctilius Varus besiegt haben. Nur, die elende Tautologie von Immanuel Kant hat mit dieser Schlacht rein gar nichts zu tun, denn die Tautologie ist im Duden zu finden und Bedeutet: Einen Sachverhalt doppelt wiedergebende Fügung, zum Beispiel schwarzer Rappe oder alter Greis. Uff!

Ich ziehe Fazit und sehe ein: So wird das mit meiner Weiterentwicklung nichts. Meine lieben Kundinnen und Kunden in der Bahnhofsunterführung zu Rapperswil müssen sich also wohl oder übel auch in naher Zukunft mit ihrem altbekannten *Surprise*-Verkäufer zufriedengeben. Sorry.

\* \* \*

Oh ja, ich habe Kundschaft. Bis Ende 2022 habe ich 92400 Hefte verkauft. Wie ich finde, eine stattliche Zahl. Das kommt nicht von Nichts. Da steckt viel dahinter.

Es ist also nicht so, wie etliche meinen, wenn sie mir sagen: «Ich kaufe Ihnen ein Heft ab, damit Sie nicht ganz umsonst dastehen.» Klar, die grosse Menge geht achtlos an mir vorbei. Damit habe ich aber kein Problem. Das geht jedem Bäcker und Metzger und Wirt genauso.

Wobei, achtlos vorbeigehen stimmt so nicht. *Scheinbar* achtlos vorbeigehen trifft es besser. Wenn nicht gerade, direkte Blicke, so wirft man doch neugierige, heimliche, verstohlene, schielende Blicke nach mir, meinen Heften und meinem Treiben.

Zwei Beispiele:
Vor Jahren hatten wir ein Heft im Verkauf, darin, auf der Titelseite mit Foto angekündigt, ein grosses Interview mit dem Dalai Lama. Zuvor hatte ich keine Ahnung, wie viele seiner Landsleute in und rund um Rapperswil sesshaft sind. Danach wusste ich es so ungefähr. Nicht wenige Tibeter, sonst nicht meine Kundschaft, haben mir damals ein Heft abgekauft, in Ehrfurcht und begierig seine Worte und seine Lehre zu vernehmen.

Oha. Dalai Lama. Muss ich haben.

Einige Zeit später ein Heft mit dem Titel «Krieg in Äthiopien» auf der Titelseite, plus Foto. Diese Ausgabe kauften sowohl viele Äthiopier wie auch Eritreer, also Grenznachbarn, beide sonst nicht meine Kundschaft.

Oha, Äthiopien, muss ich haben.

Ein junges dunkelhäutiges Mädchen, vierzehn- oder fünfzehnjährig, wird mir für immer in Erinnerung bleiben. Es bleibt abrupt vor mir stehen und schaut sich sehnsüchtig die Titelseite an. «Das ist mein Land», sagt es in einwandfreiem Deutsch und fügt hinzu: «Ich würde das Heft so gerne kaufen, aber ich habe leider kein Geld.» Wehmütig wirft es einen letzten Blick auf das Heft und wendet sich zum Gehen. Doch bevor das Mädchen geht, schenke ich ihm ein Heft. Selig und dankbar eilt es auf seinen Zug.

Ein paar Tage später bringt es mir sechs Franken.

\* \* \*

«Haben Sie Twint?» Diese Frage höre ich inzwischen täglich.

«Hmmm. Nein, Twint habe ich nicht.»

«Hätten Sie Twint, könnten Sie bestimmt mehr Hefte verkaufen.»

Das mag schon sein, aber das ist mir wurst. Ich bin ein Grufti. Und hätte zu meinen Lebzeiten jemals das Bargeld abgeschafft werden sollen: Ich würde das erste Mal in meinem Leben auf die Strasse zum Demonstrieren gehen, um dem Ganzen Nachdruck zu verleihen mit lauten Parolen, wie etwa: «Hände weg von unserem Bargeld» oder auch «Das Eine schliesst das Andere nicht aus». Bei näherer Betrachtung würde mir bestimmt auch Süffigeres einfallen. Und ich wäre in dieser Angelegenheit beileibe nicht der einzig Demonstrierende.

Immerhin ernte ich mit meinen Ausführungen viel Verständnis, Beipflichtung und Geschmunzel. Und nicht selten kommt es vor, dass daraufhin Bargeldlose, aber Willige, am nahe gelegenen Post- oder Bancomaten Geld abheben, zurückkommen, und mir gut gelaunt ein Heft abkaufen.

Wie gesagt: Ich, der Grufti oder Neandertaler oder auch Ähnliches. Von mir aus. Ganz wie es beliebt. Mir ist es wurst und ich werde bestimmt nicht böse. Und obwohl ich so ganz ohne Twint dastehe – Absatzrückgang meiner *Surprise*-Hefte ist nicht. Eher das Gegenteil. Denn *Surprise* gewinnt immer mehr an Bekanntheit, Akzeptanz, Qualität und Lesern, und die meisten haben neben Twint und Karte auch noch Bares im Sack. Das stimmt mich zuversichtlich und lässt mich hoffen.

Hoffnung gärt in mir auch an jeder Kasse, denn ich bin längst nicht der Letzte, der seine Einkäufe in bar bezahlt. Auf der Post bin ich längst nicht der Einzige, der, ganz nach alter Väter Sitte, seine Einzahlungen mit Einzahlungsschein und Bargeld erledigt. Und je länger ich am Postschalter anstehen muss, umso leichter wird mir ums Herz, denn umso sicherer weiss ich: Ich bin nicht der Letzte meiner Rasse. Meine Art ist noch nicht ausgestorben. Meine Gattung lebt, und ach, mit ihr auch Bares, Münzen und

Noten, letztere in zarten, warmen Farben, Meisterwerke der Graphik und der Druckkunst.

«Kaufen Sie mir ein Heft ab? Nein, Twint habe ich nicht, nur Barzahlung.»

«Moment, ich hab's gleich.»

Vielleicht bleibt mir die Demonstriererei doch erspart. Mir wär's natürlich recht.

\* \* \*

Denkbar wäre es durchaus, dass sie mir ein Heft abgekauft hätte, wenn, ja wenn sie Bargeld dabeigehabt hätte. Es wäre aber auch denkbar, dass sie mir trotz Bargeld kein Heft abgekauft hätte und das fehlende Bargeld bloss ein Vorwand gewesen ist.

So wie die eine Frau, die mir mindestens zweimal pro Woche im Vorbeihasten zuruft: «Das nächste Mal, nicht heute, mein Zug fährt gleich ab.» Manchmal stimmt's, manchmal hat sie aber noch bis zu zehn Minuten Zeit, wie mir ein Blick auf die Uhr bestätigt. Ich kenne die Abfahrtszeiten der Züge im Bahnhof zu Rapperswil genau. Da macht mir niemand etwas vor. Undenkbar, dass sie mir jemals ein Heft abkaufen wird. Sie denkt gar nicht daran. Durchaus denkbar wäre hingegen, dass ich sie mal zur Rede stelle. Sie soll's doch einfach lassen. Noch denkbarer wäre aber, dass ich sie nicht zur Rede stelle. Wenn's ihr Spass macht. Genau wie jenem Herrn, der jedes Mal, wenn er mich sieht, ein grosses Tamtam veranstaltet. Ich weiss nicht warum.

Bei ihm hingegen sehe ich eine reelle Chance, dass das Undenkbare wahr wird: nämlich, dass er, der grossgewachsene, schlanke Herr, der mir seit fünfzehn Jahren jeden Morgen einen guten Morgen, sowie jeden Abend einen guten Abend wünscht, mir eines Tages doch noch ein Heft abkaufen wird. Wunder gibt es immer wieder.

Demnach wäre auch denkbar, dass mir eines Tages Roger Federer ein Heft abkaufen wird, denn er baut in Rapperswil ein Haus. Aber fährt er mit dem Zug? Immerhin haben schon ein paar

Prominente ein Heft bei mir erstanden. Denkbar ist also alles. Somit also auch, dass eines Tages der Bundesrat in corpore bei mir erscheint und ... Der war nämlich schon mal in corpore in Rapperswil. Damals aber hat das Kollegium grosszügig auf den Kauf von *Surprise* verzichtet.

# Eine tragische Geschichte

Es geschah vor einigen Jahren. Ich steige in Rapperswil aus der S5 und begebe mich mit meinem Wägeli via Rampe in die Bahnhofsunterführung zu Rapperswil. Aber genau an dem Platz, wo ich immer stehe und meine Hefte verkaufe, steht ein weisses Zelt, dazu Polizei, Sanität und Notarzt. Ich weiss sofort, was das zu bedeuten hat. Betroffen kehre ich um und fahre mit dem nächsten Zug wieder nach Hause, um die nächsten Tage auch dort zu bleiben. Nach ein paar Tagen bin ich wieder zurück in der Bahnhofsunterführung zu Rapperswil. An der Mauer gegenüber meines Verkaufsplatzes befinden sich Blumen, Kerzen und Beileidskarten. Auf einer der Karten lese ich den Namen des hier Verstorbenen. Ich habe ihn gut gekannt. Wir sind uns schier täglich begegnet. Im Lauf des Tages erfahre ich von seinen Kumpels die Todesursache: Herzversagen. Er durfte kurz und schmerzlos sterben. Einerseits bin ich bestürzt. Andererseits denke ich: Etwas Besseres hätte ihm nicht passieren können. Das mag taktlos und gefühlskalt klingen. Zum besseren Verständnis füge ich hinzu: Er war unheilbarer Alkoholiker. Nichtsdestotrotz ein Frühaufsteher. Oft schwankte er schon morgens um acht Uhr durch die Bahnhofsunterführung zu Rapperswil. Sein Markenzeichen: Unter dem linken Arm eingeklemmt trug er stets eine oder gar zwei Tageszeitungen bei sich.

In nüchternen Momenten liess er aufblitzen: Er war durchaus intelligent und gebildet und bei klarem Verstand ein angenehmer, amüsanter und interessanter Zeitgenosse und Gesprächspartner. Oft habe ich gedacht: Was für ein Jammer, und er trinkt sich zu Tode. Aber eines Tages in ferner Vergangenheit geschah etwas in seinem Leben, mit dem er nicht fertig wurde. Und die Abwärtsspirale begann sich zu drehen.

Das Leben hat so manche Hürde zu bieten. Glücklich kann sich schätzen, wer Hürde um Hürde nehmen kann.

# Weil Schenken Freude macht

Es kommt immer wieder vor, dass ich ein Heft verschenke, jenen, die gerne ein *Surprise* kaufen würden, aber die nötigen 6 Franken nicht aufbringen können.

Schenken macht Freude oder gar glücklich und das ist wahr. Wir wissen das. Nicht so hingegen die Tante, die ich hatte. Sie war in dieser Sache vollkommen unwissend. Es dauerte allerdings ein paar Jährchen, bis wir ihr auf die Schliche gekommen sind. Der Anlass zu ersten Spekulationen ergab sich eher zufällig. Es war an einem Sommertag anno dazumal. Meine Mutter weilte für einen Tag bei der Tante, die ich hatte, um nach dem Rechten zu sehen, da dort die ganze Familie mit einer Sommer-Grippe im Bette lag. Am Abend erzählte uns meine Mutter, die Tante, die ich hatte, habe in einem Schrank, fein säuberlich in Weihnachtspapier verpackt, schon viele Weihnachtsgeschenke parat. Und das mitten im Sommer! Weiter meinte meine Mutter, sie habe ganz sicher das Geschenk erkannt, welches sie der Tante, die ich hatte, zu letzten Weihnachten geschenkt habe. Grösse und Form, Papier, den weihnächtlichen Zierrat auf dem Päckli, halt das ganze Aussehen sei unverkennbar, sie könne sich genau daran erinnern, sie sei sich da ganz sicher. Wir zweifelten keinen Augenblick an der Wahrnehmung meiner Mutter und stellten die skurrilsten Mutmassungen zu ihrer Entdeckung an. Denn zugegeben, etwas sonderbar war die Tante, die ich hatte, ja schon.

An Weihnachten desselbigen Jahres geschah das Malheur. Wie üblich gab es an Heilig Abend ein Rollschinkli und Kartoffelsalat zum Abendessen, zum Dessert eine Eistorte. Danach schellte lieblich das Glöcklein, das Zeichen für uns Kinder, dass wir in die gute Stube durften. Der Christbaum festlich geschmückt, die Kerzen brannten froh, unter dem Baum die Geschenke, die allerdings noch eine geraume Weile warten mussten. Weihnachtslieder wurden gesungen, Flötenspiel meiner Schwester, Vorlesung der biblischen Weihnachtsgeschichte mit Maria und Joseph und dem Jesuskind im Stall, dann die drei Weisen aus dem Morgenland mit ihren mitgebrachten Geschenken. Irgendwann waren dann unsere Geschenke an der Reihe.

Und jetzt kommt das Malheur. Schenkt doch die Tante, die ich hatte, meiner Mutter genau den selbigen Knirps-Regenschirm, den meine Mutter der Tante, die ich hatte, zu vorigen Weihnachten geschenkt hat. Die Empörung meiner Mutter war gross. Die nächsten Tage liefen die Telefondrähte heiss. Das stimmt so wortwörtlich, denn damals waren auf hohen Masten, genannt Telefonstangen, über das ganze Land noch Telefondrähte gespannt. Dabei stellte sich heraus: Eine andere Tante, die ich hatte, hat von der Tante, die ich hatte, auf Weihnachten das selbige Seifenset geschenkt bekommen, das die Tante, die ich hatte, von der anderen Tante, die ich hatte, zu vorletzten Weihnachten geschenkt bekommen hat. Die Seife war dann auch schon etwas brüchig.

Im Weiteren stellte sich heraus, dass die Tante, die ich hatte, seit Jahren alle Geschenke, die sie bekam, ohne sie auszupacken, aufbewahrte, um sie dann, bei Notwendigkeit, weiter zu verschenken. Die Tante, die ich hatte, war nicht nur etwas sonderbar, sie war eben auch knausrig. He ja, warum Geld für Geschenke ausgeben. Es geht auch so. Das ging auch gut so, solange sie diesbezüglich fein säuberlich Buch führte. Aus Nachlässigkeit verlor sie dann aber den Überblick über ihre umfangreiche Geschenksammlung. So kam es zu diesen ersten Verwechslungen. Es sollten nicht die einzigen bleiben.

Obwohl die Tante, die ich hatte, entlarvt wurde, liess sie sich in ihrem Tun nicht beirren. Weitere Verwechslungen folgten. So hat sie mir an Weihnachten danach, einem halbwüchsigen Jungen, der ich damals war, aus ihrem erklecklichen Fundus an gesammelten Geschenken per Versehen ein Negligé geschenkt. Das war dann selbst der Tante, die ich hatte, peinlich.

Wieviel Freude Schenken auch gerade den Schenkenden machen kann, hat die Tante, die ich hatte, nie erfahren. Sie weiss nicht, was sie verpasst hat.

Nun aber zurück in die Bahnhofsunterführung zu Rapperswil.

* * *

# Eindrückliche Begegnungen

Charisma. Was für ein Wort! Charisma. Und wenn ich von der Bedeutung dieses Wortes auch nichts wüsste, wenn ich davon keine Ahnung hätte, so wüsste ich trotzdem: Das ist ein ganz besonderes Wort. Geheimnisvoll. Charisma. Ein Wort wie heller Glockenklang über einer duftenden Blumenwiese. Eine Zauberformel aus der Abteilung der Phonetik. Ich frage mich: Wer hat's wohl erfunden? Der Grieche? Der Lateiner? Gelobt sei ihm. Charisma. Gäbe es eine Hitliste für Worte; für mich wäre dieses Wort seit jeher die Nummer eins in den Charts. Charisma. Wohltuend leicht fliesst dieses Wort mit seiner genialen Buchstabenabfolge über meine Lippen. Architektonisch gesehen ein Meisterwerk. Musikalisch gesehen eine Ouvertüre. Literarisch gesehen die hohe Kunst der Poesie. Charisma. Ein Ohrenschmaus. Was für ein Wort!

Aber hinter dem Wort Charisma steckt weit mehr als wohltuender Glockenklang. Es hat ja auch seine Bedeutung. Nicht irgendeine. Ein aussergewöhnliches Wort mit einer aussergewöhnlichen Bedeutung. Charisma – oder – die besondere Ausstrahlungskraft eines Menschen. Wenige sind es, die es haben. Aber jedes Mal, wenn ich einem jener Menschen begegne, die Herzensgüte, Herzenswärme und Lebensfreude spürbar, ja schier greifbar ausstrahlen, werde ich unwiderstehlich in deren Bann gezogen. Es gibt diese Menschen. Jede Begegnung mit ihnen wird zu einem Highlight. Eindrücklich! Ich hatte das grosse Glück, bei meiner Arbeit als *Surprise*-Verkäufer ein paar von diesen besonderen Menschen zu begegnen. Dann ist Gänsehaut-Zeit.

\* \* \*

Es kommt immer wieder mal vor. Doch dieses Mal ist es anders als es bisher immer gewesen ist. Einfach anders. Ein Mädchen, ungefähr neun Jahre alt, adrett gekleidet, breites Gesicht, steuert zielstrebig auf mich zu. Es nestelt in ihrer Umhängetasche, zückt ihr Portemonnaie, streckt mir mit ernstem Gesicht einen Fünfliber entgegen und sagt: «Das ist für Sie.» So wie jedes Mal, wenn mir ein Kind einen Batzen geben will, frage ich auch dieses Mal: «Ist das von deinem Taschengeld?» Es nickt mit dem Kopf. Ich frage weiter: «Bist du ganz sicher, dass du mir deinen Fünfliber geben willst? Du könntest dir damit etwas Schönes kaufen.» Es legt ihre flache Hand auf ihr Herz und sagt mit fester Stimme: «Es tut mir weh, wenn ich Sie so dastehen sehe, wie Sie warten müssen, bis Ihnen jemand ein Heft abkauft.» Ich antworte dem Mädchen wahrheitsgemäss: «Es ist gut so, wie es ist. Vieles im Leben ist einfach gut so, wie es ist». Das Mädchen lässt nicht locker. Unverwandt streckt es mir ihre fünf Franken entgegen. «Da nehmen Sie, das ist auch gut so.» Ihre grossen, dunklen Augen, ihre Mimik, ihre Körperhaltung unterstreichen ihre Worte und sagen mehr als Worte es vermögen. Ich sehe und spüre ihre feste Entschlossenheit. So will ich das Mädchen nicht unnötig enttäuschen. Es wird in ihrem Leben womöglich noch genug Enttäuschungen hinnehmen müssen. Dankend nehme ich also den Fünfliber entgegen und es ist mir, als hätte ich viel mehr in meiner Hand, als bloss einen Batzen im Wert von fünf Franken. Mit einem Händedruck sagen wir uns tschau. Ich sehe dem Mädchen nach. Es dreht sich noch einmal um und winkt mir glücklich lachend zu. Ich winke und lache ihm gerührt zurück.

In Momenten wie diesen frage ich mich: Gibt es sie doch, Engel auf Erden?

* * *

Rollstühle. Rollatoren. Gehstöcke. Gebärdensprache. Einschränkungen jeder Art. Auch das ist ein Teil unserer Gesellschaft.

Und auch Blinde. Verkaufe ich in der Bahnhofsunterführung zu Rapperswil meine Hefte, halte ich nach ihnen Ausschau, damit ich rechtzeitig Platz machen kann, wenn einer kommt. Meist klöppeln sie sich mit ihrem Blindenstock der Wand entlang und ich will ihnen keinesfalls ein Hindernis sein. Sie haben in ihrem Leben genug Hindernisse zu meistern. Ohne Augenlicht, blind, ohne Farben, ohne das Licht der Sonne, in fortwährender Dunkelheit. Bei den Aufgängen zu den Perrons tasten sie nach dem Handlauf mit der Prägung der Gleisnummern. Blind und allein auf einem Bahnhof. Aber allemal finden sie ihren Zug oder den Ausgang zur Stadt und den Weg zurück zum Bahnhof. Wie machen die das bloss?

Zu erleben, wie es ist, blind zu sein, ist ein Einfaches: Man schliesse die Augen oder verbinde sie und mache so einen Stadtbummel. Wir kommen nicht weit.

Da ist ein Blinder, der ist eine Nummer für sich. Ihn sehe ich manchmal gar nicht kommen, so schnell ist der unterwegs. Plötzlich steht er neben mir, so dass ich nur noch sagen kann: Warten Sie einen Moment bitte. Dann schmunzelt er schier unmerklich, aber er schmunzelt, so als wüsste er ganz genau, dass hier ein *Surprise*-Verkäufer steht. Und mir kommt *Mein Name sei Gantenbein* von Max Frisch in den Sinn.

Neulich habe ich einen Blinden mit Koffer gesehen. Fährt der doch tatsächlich blind und allein in den Urlaub. Diese Courage.

Und immer öfter höre ich von psychischen Problemen, von Depressionen, von Klinikaufenthalten, davon, dass die Anforderungen des Lebens zu gross geworden und der Weg zurück zur Freude und ans Licht ein langer und beschwerlicher ist.

Blind, gelähmt, taub, stumm, geistig behindert, psychisch krank. Müsste jeder Mensch ein Gebrechen haben, es wäre einfach obligatorisch, man könnte sein Gebrechen aber frei wählen, was würden Sie …

Viele haben ein schweres Los zu tragen. Ich bewundere jene, die das, ohne zu jammern, wie selbstverständlich, klaglos, in Würde und Zuversicht tun. Sich unterkriegen lassen kommt für sie nicht in Frage. Dafür ist das Leben trotz allem zu schön, zu wertvoll und zu kurz. Ich kenne sie. Sie begegnen mir. Und jede dieser Begegnungen ist Inspiration. In Dankbarkeit leben sie so, wie es ihnen möglich ist. Es sind Vorbilder.

*  *  *

Kein Behindertenmobil, kein Rollstuhl, kein Rollator. Mühselig, gebeugt, mit gesenktem Kopf geht sie an Krücken. Die Frau, die mir heute zum ersten Mal begegnet, neben mir stehen bleibt, ihre Krücken an die gekachelte Wand lehnt und sich ohne Gehhilfe unsicher und wacklig auf den Beinen hält. An der Wand sucht sie Halt. Ich frage sie: «Kaufen Sie mir ein Heft ab?» – «Ja natürlich», antwortet sie mir, so als ob dies das Selbstverständlichste der Welt wäre und kramt ihr Portemonnaie aus ihrem Rucksack hervor. Erst jetzt hebt sie ihren bis jetzt gesenkten Kopf. Ich blicke in ihr Gesicht, unsere Augen treffen sich. Und was ich da sehe, verblüfft mich. Ich sehe nicht die kleinste Spur von Verdruss, Bitterkeit, Schmerz, Gram oder dergleichen. Ich sehe nur Wärme, Glanz, Lebensfreude und Frieden. Unweigerlich kommt mir in den Sinn, was ich einst bei Albert Camus in dessen Roman *Der glückliche Tod* gelesen habe. Ein noch jüngerer Mann, an beiden Beinen amputiert, sagt dort so ungefähr folgende Worte: «Und wäre ich auch noch blind und stumm und lahm; solange das Feuer des Lebens in mir brennt, möchte ich trotzdem weiterleben.» Ich ahne es; diese Worte könnten genauso von dieser Frau stammen. Ich frage: «Wie geht es Ihnen?» Sie weiss sofort, auf was ich anspiele, lacht herzlich und sagt, ohne zu zögern: «Sie fragen wohl wegen meiner Beine. Deswegen lasse ich mich doch nicht unterkriegen. Mir geht es gut. Sehen sie, das Leben ist so schön. Und hat man gute und liebe Freunde und eine liebe Familie, so wie ich, dann ist es noch viel schöner.» Ich bin von dieser Frau beeindruckt und ich sage ihr das auch. Sie reagiert verlegen. Ihre Zeit drängt. Klar, sie will ihren Zug nicht verpassen. Sie verstaut ihr *Surprise*-Heft in ihrem Rucksack, schultert ihn, reicht mir die Hand, nimmt ihre Krücken, nickt mir im Gehen noch einmal zu und entschwindet dann langsam auf der Rampe zum Perron.

Ich bleibe zurück und bin um ein eindrückliches Erlebnis und eine unvergessliche Begegnung reicher.

Diese Gelassenheit.

* * *

Nach langer Zeit sehe ich sie bei meiner Arbeit in der Unterführung zu Rapperswil wieder. Sie ist, ich weiss nicht mehr, wie lange das her ist, nach Deutschland in die Nähe ihrer Enkelkinder gezogen und weilt nun besuchsmässig für ein paar Tage in ihrer alten Heimat. Etwas dünner ist sie geworden, das einst breite Gesicht schmaler, ihr Lachen aber noch voller, als es eh schon immer gewesen ist. Sie strahlt über das ganze Gesicht. Sie lacht von Herzen. Einst und jetzt das blühende Leben. Unsere Begrüssung herzlich. Seit meinen ersten Tagen bei *Surprise* war sie mir eine treue Kundin und liebe Wegbegleiterin. Wir haben uns viel zu fragen und zu erzählen. Plötzlich meint sie: «Ich habe Leukämie». UND SIE LACHT nach diesem Bekenntnis. Sie lacht nicht etwa gequält, nicht gepresst, nicht gespielt. Ihr Lachen ist frei, offen und fröhlich! Sie sieht meine Betroffenheit, meine Bestürzung.

Nicht ich bin es, der sie tröstet. Ich wüsste auch nicht, wie. Sie tröstet mich!

Auf meine Fragen hin wird schnell auch klar: Sie lehnt jede ärztliche Behandlung ab, nur palliativ. Sie will die Zeit, die ihr noch bleibt, einfach nur geniessen, ohne Nebenwirkungen, mit ihren Enkelkindern, dankbar sein für jeden Tag, der ihr noch bleibt, dankbar und ohne jeden Groll. Die Reihe wäre an mir, etwas zu sagen. Aber ich finde keine Worte. Da ist nichts, was ich sagen könnte. Jedes Wort wäre nur Gestammel, Schall und Rauch, ohne Bedeutung.

Sie braucht ohnehin keinen Trost. Mit sich, Gott und der Welt im Reinen will sie weiterziehen, auf der Abschiedstour in ihrer alten Heimat. Eine Umarmung, ein fester Händedruck, ein Abschied für immer.

Im Gehen ruft sie mir noch einmal zu, diesmal ernster: «Urs, es ist gut so.» Ich kämpfe gegen ein paar Tränen und rufe ihr zurück: «Tschau Anna, mach's gut» und sehe ihr nach bis sie meinen Blicken entschwindet, denn ich weiss, ich habe sie zum letzten Mal gesehen.

\* \* \*

Obdachlos. Seine Kleidung, überhaupt sein ganzes Äusseres lässt nicht darauf schliessen. Aber auf einem Sackwagen, den er vor sich herschiebt, befindet sich, fein säuberlich festgezurrt, sein ganzes Hab und Gut. Blachen, Decken, Töpfe, Matten, Schlafsack, Taschen, sein ganzer Hausrat. Ich denke: Immerhin ist er gut ausgerüstet. Mich freut's und ich mag es ihm von Herzen gönnen. Weisses Haar, weisser, gepflegter Bart. Ich bin geneigt, zu sagen: Stolz und würdevoll mustert er mich und mein Tun aus Distanz mit wachen, klaren Augen. Zögerlich tritt er nach einer Weile näher. Schweigend mustern wir uns. Kein Wort fällt. Seine Gesichtszüge: edel, gebildet. Hätten die Obdachlosen einen König, einen Kaiser oder Präsidenten: Er steht vor mir. In seinen Augen sehe ich Wärme. Ich ahne es. Einst war er, wie so viele andere, die

aus der Bahn geraten, gestrauchelt und gestürzt sind, ein erfolgreicher Mann. Beruflich gute Stellung, Familie, Kinder, vielleicht
ein Haus mit Garten, engagiert in der Gemeinde, angesehen, gern
gesehen. Und dann ist in seinem Leben etwas passiert, mit dem
er nicht fertig wurde.

Aber ich kenne seine Geschichte nicht. Und wessen Geschichte man nicht kennt, den verurteilt man nicht.

Noch immer stehen wir schweigend. Kein Wort ist bisher zwischen uns gefallen. Wir verstehen uns auch ohne Worte. Wir spü-
ren uns. Er wirft mir einen anerkennenden Blick zu, klaubt aus
einer der Taschen einen kleinen Plastikbeutel, der ihm als Portemonnaie dient, hervor und streckt mir wortlos eine 10er-Note
entgegen.

Ich überlege mir schon die ganze Zeit, ob ich ihm ein Heft
schenken soll. Doch irgendwie fühlt es sich falsch an. Ich befürchte, dass ich ihn so in seinem Stolz und in seiner Würde, in
dem, was er sich bewahrt hat, verletzte. Und ich will ihm auf keinen Fall nehmen, was er sich bis heute nicht nehmen liess. So
wechsele ich ihm die 10er-Note. Er verstaut Rückgeld und Heft
und zieht kopfnickend seines Weges. Herzlich wünsche ich ihm
im Stillen viel Glück und alles Gute.

Schweigen und sich doch nahe sein. Schweigen und sich doch verstehen.

* * *

Es scheint, als wäre sie unverwüstlich. Schon als wir uns vor mehr
als zwölf Jahren kennengelernt haben, war sie betagt, aber immer
auf flinken Beinen unterwegs. Inzwischen ist sie zwölf Jahre älter
und noch immer auf flinken Beinen unterwegs. Klein und hager,
schmales Gesicht, neckische Lachfalten um Augen und Mund,
manchmal mit einem violetten, meist aber schwarzen Mèche
in ihrem grauen Haar. In ihrem Freundes- und Bekanntenkreis
wird sie auch die Chaos-Königin genannt. Ja, schusslig ist sie und

manchmal fahrig. Schier jedes Mal reicht es ihr gerade noch so auf den Zug. Es regnet, aber sie hat keinen Schirm dabei. Ich leihe ihr einen. Es regnet und sie kommt mit einer Papiertragtasche. Ich gebe ihr einen Plastiksack.

Sie ist eine herzensgute Seele und trotzdem, oder gerade deswegen streiten wir uns. Wie jedes Mal, wenn sie der Meinung ist, ihre finanziellen Mittel würden ihr das erlauben, will sie mir ein Heft abkaufen. Ich hingegen will es ihr schenken, denn ich weiss, dass sie mit einer kleinen Rente zurechtkommen muss. Mit Hundesitting bessert sie ihr Einkommen ein wenig auf. Aber sie ist eben auch stur. Sie will das Heft partout bezahlen. So geht das hin und her und meist bin ich es, der nachgeben muss. Denn sie ist durchaus auch energisch und kann sich mit ihrer bestimmten Art bestens durchsetzen, so wie das vielen klein gewachsenen Menschen gegeben ist. Als Waffe dienen ihr auch ihre wunderschönen, grossen, dunkelbraunen, treuherzigen, unwiderstehlichen Augen. Zudem besitzt sie eine erkleckliche Portion an weiblichem Charme, den sie erfolgreich einzusetzen weiss. Da ich nicht das Faustrecht gelten lassen will, nehme ich die sechs Franken und zufrieden zieht sie mit dem erworbenen Heft von dannen.

* * *

Kennen gelernt habe ich sie kurz nach meinen Anfängen bei *Surprise*, in der Bahnhofsunterführung zu Rapperswil, dort, wo ich meine *Surprise*-Hefte verkaufe. Im Lauf der Jahre ergab sich so manches Gespräch.

Mit sechzehn hat sie zwei Jobs. Sie muss mithelfen, ihre Familie zu ernähren. Mit neunzehn kommt sie als Au Pair aus England in die Schweiz, alleine, ohne Familie. Gedacht war für ein Jahr. Doch es kommt anders. Sie lernt einen Mann kennen und bleibt. Bei unserer ersten Begegnung sind ihre beiden Söhne bereits flügge. Ihr Beruf: Serviertochter. Kurz danach wechselt sie den Arbeitgeber, arbeitet neu auf der Insel Lützelau im dortigen Restaurant. Mit ihrem Boot setzt sie auf die Insel. Auf dem Lützelauer Zeltplatz steht den ganzen Sommer über ihr Zelt. Sie liebt das freie Leben auf der Insel. Mit ungefähr Mitte vierzig keimt in ihr der Wunsch nach mehr Befriedigung in der Arbeit. Entschlossen macht sie eine Ausbildung zur Pflegerin. Das gefällt ihr. Sie kniet sich rein. In der Schule schreibt sie gute bis sehr gute Noten. Aber jedes Mal sinniert sie, es hätte noch besser sein können. In ihrer Ehe rumort es. Es kommt zur Trennung. Als Auszubildende kann sie sich keine eigene Wohnung leisten. Bei einem ihrer Söhne findet sie Unterschlupf. An ihren freien Tagen putzt sie für andere Leute, arbeitet auf der Lützelau oder schuftet auch mal auf dem Bau. In nur zwei Tagen schippt sie mit Schaufel und Eimer 6,2 Tonnen Schutt aus einem Objekt. Am nächsten Tag arbeitet sie mit schmerzenden, kaum beweglichen Armen wieder in der Pflege. Ihrem kranken Noch-Ehemann putzt sie nach wie vor die Wohnung, besucht ihn im Spital, kümmert sich um ihn. Sie kann nicht Nein sagen. Mit Bravour schliesst sie ihre Ausbildung ab. Jetzt arbeitet sie als FaGe bei der Spitex. Sie liebt diese Arbeit, das Pflegen, das Kümmern, das Zuhören, das Dasein. Eine Powerfrau mit einem riesengrossen Herzen.

Erst kürzlich hat sie mir erzählt, dass sie nun sogar eine Schulung zur Ausbildnerin absolvieren kann. Grosser Respekt!

Was ein Mensch in einem Menschenleben alles schaffen kann.

* * *

Es gibt Menschen – da genügt ein Wort, um sie zu beschreiben. Mehr ist nicht nötig. Sie gehört zu diesen Menschen. Keine Ahnung, wie oft wir uns in all den Jahren in der Bahnhofsunterführung zu Rapperswil begegnet sind. Viele Male. Ich komme nicht umhin und nenne sie ganz im Stillen beim Namen, den ich ihr schon bei unserer ersten Begegnung gegeben habe, der da ist: «die Besonnene». Besonnenheit. Die Eigenschaft, die sie leibt und lebt, die sie ein- und ausatmet, die sie geht und spricht, die sie fragt und antwortet, die sie war und ist. Nicht, dass sie keine weiteren vorzüglichen Wesenszüge hätte. Besonnenheit steht nie für sich allein. Besonnenheit prägt das ganze Wesen eines Menschen. Das Sein, das Sich Geben, das Handeln, das Sprechen, alles. Selbst die Eile sieht bei ihr anders aus als bei uns. Selbst ihr gibt sie ihren persönlichen Touch, ihre eigene Note. Man muss es gesehen haben; sie eilt mit Besonnenheit. Ich stelle mir vor: Und geriete sie mal in Rage, selbst das würde sie mit Besonnenheit tun.

Ihr Beruf passt bestens zu ihr. Sie ist ausgebildete Mediatorin. In ihrer Eigenschaft als solche vermittelt sie zwischen straffälligen Jugendlichen und der Klägerschaft, im Bestreben, eine aussergerichtliche Einigung zu erzielen, die für alle Beteiligten einen Gewinn bedeutet.

# Ich schreibe einen Krimi

«Wie hat er denn ausgesehen, der Täter?», fragt mich der Kommissar. Vor diesem Moment, vor dieser Frage, vor solchen Umständen, war mir schon immer bange. Aufgefordert, als Zeuge eines Verbrechens einen Täter zu beschreiben, den ich vielleicht nur kurz zu Gesicht bekommen habe, weil er, in flagranti ertappt, schleunigst geflohen ist. Ich befürchte, jeder Versuch meinerseits, einen Täter zu beschreiben, ist lächerlich und als Gegenstand einer Fahndung unbrauchbar.

Aber nun sitze ich einem Kommissar gegenüber, weil ich Zeuge eines Verbrechens wurde und soll meinen Täter dem Kommissar beschreiben. Noch sitzt mir aber der Schreck in den Knochen. Schliesslich wird man nicht alle Tage Zeuge eines Verbrechens.

Ich werde also auf dem Kommissariat befragt, so wie ich das aus den Krimis kenne. Mein Kommissar macht das wirklich gut. Männlich oder weiblich, fragt er mich; Alter; dick oder dünn; Grösse und Statur; Haar- und Hautfarbe. Bereitwillig gebe ich Auskunft, und so weit sind meine Angaben eigentlich recht passabel. Mein Kommissar scheint mit mir als seinem Zeugen auch sehr zufrieden. Mich freut's, wenn meine Dienste als wichtiger Zeuge einer Untat behördlichen Gefallen finden. Schliesslich geht's ja um nichts Geringeres, als ein Verbrechen aufzuklären. Bereits wähne ich mich mittendrin in der Verbrecherjagd. Ich strenge mich also an und gebe beflissen Auskunft über Augenfarbe, Stirn, Nase, Wangen, Mund, Kinn, Falten, besondere Merkmale und allerlei mehr. Dabei komme ich so richtig in Fahrt. Ich bin perplex, denn auf Anhieb kann ich den Täter, ohne zu zögern, haargenau beschreiben. Mehrmals fragt mich der Kommissar auch mit forschendem Blick und sonderbarer Miene: «Und Sie sind sich da ganz sicher?» Zu meiner eigenen Verwunderung bin ich mir in allem ganz sicher.

Meine Befragung zieht sich in die Länge. So wie ich das aus den Krimis kenne, wird mir Kaffee angeboten. Kaffee gehört einfach zu einer Verbrecherjagd. Eigentlich auch Sandwiches oder Currywurst oder Pizza. Oder Kuchen. Und wilde Verfolgungsjagden mit quietschenden Reifen im dichten Stadtverkehr. Flucht und Verfolgung mit waghalsigen Sprüngen über die Dächer der Innenstadt. Dann Verhaftung, Handschellen und das Vorlesen der Rechte. Bevor es soweit kommen kann, muss aber erst mal der Täter identifiziert werden. Und zwar mit meiner Hilfe. Nicht schlecht. Derweil der Zeichner das Abbild meines Täters fertigstellt, muss mein Kommissar, so wie ich das aus den Krimis kenne, erst mal in einer dringlichen Sache ans Telefon. Es scheint sich um einen anderen Fall zu handeln. Ja, ja, mein Kommissar hat ganz schön viel um die Ohren. Mir ist sauwohl auf meinem Stuhl im Kommissariat und ich beschliesse, mich ein wenig wichtig zu nehmen.

Mein Kommissar gesellt sich wieder zu uns. Verblüfft betrachtet er das fertige Phantombild, schaut auf mich, dann wieder auf das Bild, streckt es mir hin und meint dann lauernd: «Das sind doch Sie?» Freundlichkeit und Zuvorkommenheit sind aus seinem Ton gewichen. Irritiert werfe ich meinerseits einen Blick auf die Zeichnung. Erschrocken muss ich meinem Kommissar recht geben: Ja, das bin ich.

Schlagartig wendet sich das Blatt. Aus einer Zeugenbefragung wird ein Verhör.

«Das müssen Sie mir jetzt aber erklären», grunzt mein Kommissar.

Ich ringe nach Worten und stottere: «Ich weiss auch nicht, ich kann mir das nicht erklären.»

«Als Zeuge habe ich Sie um eine Täterbeschreibung gebeten und Sie liefern uns haargenau ihr Signalement. Wollen Sie uns veräppeln? Oder sind gar Sie der Täter?»

Vollkommen überrumpelt von der Wendung der Ereignisse, suche ich vergeblich nach Worten. Ich bin sprachlos, ratlos, fassungslos. Mein Kommissar lässt mir Zeit.

Endlich stottere ich: «Aber, aber, aber ich habe doch ein Alibi. Ich war zur Tatzeit doch am Tatort, und zwar als Zeuge.»

Aus den Krimis weiss ich: Wer ein Alibi hat, ist über jeden Verdacht erhaben.

Mein Kommissar lässt nicht locker: «Gibt es dafür einen Zeugen?»

Ich bekomme wieder Boden unter den Füssen: «Ja klar, der Täter ist mein Zeuge. Er hat mich gesehen. Sonst wäre er ja nicht geflohen.»

Den vielleicht berühmtesten Satz aus den Krimis, nämlich: «Wir werden Ihr Alibi überprüfen», lässt mein Kommissar weg. Stattdessen sagt er: «Da der Täter flüchtig ist und wir seinen Aufenthaltsort nicht kennen, können wir Ihr Alibi leider nicht überprüfen.»

Aber immerhin: Einen Assistenten wies er an, mein Phantombild vom Täter anhand der Verbrecherkartei zu checken. Die Ermittlungen in meinem Fall – jetzt nenne ich es schon meinen Fall – begannen auf Hochtouren zu laufen.

Wieder mir zugewandt meinte mein Kommissar achselzuckend: «Sie muss ich wegen dringendem Tatverdacht vorläufig festnehmen. Das Bild, das Sie uns vom Täter geliefert haben, wirft einfach zu viele Fragen auf. Ich versichere Ihnen aber: Wir ermitteln in alle Richtungen.»

Vergeblich protestiere ich: «Das ist ein Justizirrtum.» Meine erneuten Unschuldsbeteuerungen helfen mir nichts. In Handschellen werde ich in eine Zelle abgeführt. Hinter mir wird die Tür verriegelt.

Ich grüble. Dass meine erste Befragung als Zeuge, meine erste Täterbeschreibung in einer Zelle enden würden – so habe ich mir das nicht vorgestellt. Aber wie kann das sein – gebe ich doch haargenau mein Signalement zu Protokoll. Mir war das nicht bewusst. Ich war so in Fahrt mit der Beschreibung des Täters. Ich habe ihn genau gesehen. Ich habe ihn beschrieben, nicht mich. Welcher Zeuge liefert denn schon sein eigenes Signalement und nicht das des Täters. Wozu auch? So dumm kann man doch gar nicht sein. Andererseits: Anhand von meinen Angaben wurde das Phantombild erstellt. Und es passt genau zu mir! Ich verstehe das nicht. Da habe ich mir was Schönes eingebrockt. So ein Schlamassel. Jetzt befinde ich mich selbst in einem Krimi. Nicht mal ein Alibi hat mir genützt. Verhaftet, weil der Zeuge seine eigene Personenbeschreibung abgegeben hat: Das hat es sicher noch nie gegeben. Demnach ist mein Fall ein einmaliger Fall. Ich schreibe also gerade Kriminalgeschichte. Und so wird mein Fall künftig an jedem Lehrgang für Kommissare behandelt werden. Ich werde in die Kriminalgeschichte eingehen und werde so noch berühmt. Mein Kommissar sicher auch. Vielleicht treten mein Kommissar und ich auch zusammen auf und spielen meinen Fall auf der Bühne, vor gebanntem Publikum. Immerhin: Ein leises Trostpflaster für ein paar Jahre Knast. Aber die Ermittlungen in meinem Fall laufen ja gerade erst an. Brauche ich einen Anwalt, so wie ich das aus den Krimis kenne? Ach, Quatsch. Mein Kommissar wird die Wahrheit schon herausfinden. Und dann ein langgezogener Schrei: Ich bin unschuldig!

Am späten Abend werde ich von einem Polizisten geweckt. Er führt mich zum Kommissar.

«Ich habe gute Nachrichten für Sie», sagt mein Kommissar zufrieden und fährt fort: «Sie sind frei.»

Mir poltert ein Fels vom Herzen.

«Wir haben den Täter gefasst und er ist geständig. Er konnte gar nicht anders. Die Beweislast hat ihn erdrückt. Zum einen haben wir das Portrait, das wir anhand von Ihren Angaben erstellt haben. Ihre Beschreibung passt haargenau zu ihm. Und zum anderen haben wir bei einer Hausdurchsuchung haufenweise belastendes Material sichergestellt. Da hätte ihm alles Abstreiten nichts mehr genützt. Zudem haben wir ihn auch weiterer Verbrechen überführt. Es ist uns da ein dicker Fisch ins Netz gegangen.»

Ich bin sowas von erleichtert. Aber die eine Frage brennt mir auf der Zunge: «Wieso passt das Bild haargenau auf ihn? Wie kann das sein? Es passt doch haargenau auf mich?»

«Ganz einfach, mein Lieber», sagt mein Kommissar: «Sie haben einen Doppelgänger.»

Tief erleichtert verabschiede ich mich von meinem Kommissar, nachdem er sich für die mir entstandenen Unannehmlichkeiten entschuldigt hat.

Es ist inzwischen spät geworden. In einer Kneipe trinke ich einen Schnaps, den ich jetzt nötig habe.

Danach werde ich auf dem Nachhauseweg Zeuge eines Verbrechens. Nein, denke ich bestürzt, aber bitte nicht schon wieder. Und der Täter sieht genau gleich aus wie ich! Mein Kommissar wird keine Freude an mir haben.

Und ich stelle mir die bange Frage: Wie viele Doppelgänger habe ich?

Anzufügen habe ich noch: Man hat mich tatsächlich schon an Orten gesehen, wo ich noch nie in meinem Leben gewesen bin.

Nun aber zurück in die Bahnhofsunterführung zu Rapperswil.

\* \* \*

# Schnappschüsse

Es ist kurz vor sieben Uhr in der Früh, von allen Seiten strömen Kanti-Schüler zum Voralpenexpress nach Wattwil, Abfahrt 7.03 auf Gleis 2. –

Eine Papiertasche reisst, sofort sind helfende Hände zur Stelle. –

Es ist Hochsommer. Sie mit einem halblangen Kleid aus einem dünnen, durchsichtigen Stöffchen, darunter trägt sie nichts. – Überhaupt: Ich sehe vorteilhaft und unvorteilhaft Gekleidete. – Der Kiosk verkauft viele Glacés. –

Soeben habe ich ein Jobangebot erhalten: Ich soll Beauty-Artikel verkaufen. Jetzt reichts! Auch Töpfe und Pfannen oder Wellness hätte ich schon verkaufen sollen. –

Ich werde gefragt und gebe Auskunft wegen des Zuges nach Bubikon, wo der zu finden ist. Es zieht. –

Eine junge Mutter mit Kinderwagen und vier Kindern im Schlepptau hetzt auf den Zug. Sie hat ihre Kinderschar bestens im Griff – Respekt! –

Durchsage über Lautsprecher: Im Stadelhofen gibt es ein Problem. –

Ich bekomme einen Kaffee spendiert. –

Ein Gleitschirmflieger, sein Fluggerät gebuckelt. Ich wünsche ihm einen guten Flug. –

Eine Mutter sagt mir: «Mein Sohn ist sechzehn, aber er braucht mehr Zuwendung und Nestwärme als jemals zuvor.»

Andere Mütter haben mir das, so oder ähnlich, auch schon gesagt. –

Ich staune, in welchem Tempo junge Leute auf den Zug rennen. –

«Ich kann nicht mehr so schnell», sagt mir eine ältere Dame.

«Das müssen Sie auch nicht», antworte ich, «Sie müssen kein Rennen mehr gewinnen.» –

Abschiedsszenen in der Bahnhofsunterführung –

Es zieht nicht mehr. –

Er, einst ein Trödler, ist mit Schwung auf dem Weg zur Schule. –

Eine bis dato treue Kundin sagt, sie könne mir kein Heft mehr abkaufen, sie habe keine Zeit mehr zum Lesen, sie habe jetzt eine Katze. –

Viele Omas und Opas mit Enkelkindern. Ich werde gefragt und gebe Auskunft wegen des Kinderzoos, wo der zu finden ist. –

Es regnet. In der Unterführung könnte man den Schirm trotzdem schliessen. Es tropft nicht von der Decke. –

Laute Musik ertönt aus einem Rucksack. Hundert Dezibel minus zwei wären achtundneunzig. –

Junge Skispringer, ihre schweren Latten geschultert, sind auf dem Weg zur S40. Sie fahren nach Einsiedeln zum Schanzentraining. –

Und jene, die ihre Tage am Bahnhof Rapperswil, wie auch anderswo, Bier trinkend und lärmend, nutzlos vergeuden. –

Niemand ist mein Feind, nur weil er mir kein Heft abkauft. –

Jemand hat seine Fahrkarte verloren. Ich rufe ihm hinterher. Ich bekomme einen Kaffee spendiert. –

Es herrscht viel Betrieb. Ich quetsche mich an die Wand. Er geht an mir vorbei, die rechte Hand schwebend und wachsam über der Potasche seiner Hose, wo sein Portemonnaie steckt. Ich werde ihm seine Geldbörse bestimmt nicht klauen. –

Ich werde gefragt und gebe Auskunft wegen Gleis 1, wo das zu finden ist. –

Eine liebe Frau, die mir einst jedes Heft abgekauft hat, grüsst mich freundlich, aber ein Heft kauft sie seit Jahren nicht mehr. Sie ist mir keine Rechenschaft schuldig. –

Kopfschüttelnd geht er an mir vorbei. –

Viele Deutsche kaufen ein Heft. –

Schweissgebadet joggt der ältere Herr an mir vorüber. –

Ich bekomme wieder einen Kaffee spendiert. –

Als ich ihn, noch sehr jung, das erste Mal sah, ging er leicht an Krücken, später schwerfällig am Rollator, und nun sitzt er im Rollstuhl, seine Beine tragen ihn nicht mehr. –

Durchsage über Lautsprecher: In Thalwil gibt es ein Problem, Fahrleitungsstörung. –

Lobo, ein mir freundlich gesinnter Schäferhund, verlangt stürmisch Streicheleinheiten von mir. –

Sie tut so, als ob sie mir ein Heft abkaufen würde. Sie erwischt mich aber nicht. Ich bin auf der Hut. –

Ich werde gefragt und gebe Auskunft wegen der Altstadt, wo die zu finden ist. –

Er, Italiener, bringt mir ein Brötli und erzählt mir wie immer einen Witz. –

Und da ist sie, die mir schier täglich begegnet. Und jedes Wort, das sie sagt, ist wohlüberlegt. Und jedes Wort, das sie sagt, sagt sie mit Nachdruck. Und jedes Wort, das sie sagt, hat Gewicht. –

Ein kleines, fröhliches Mädchen, das mir immer schon von weitem «hoi» zuruft, wenn es mich in der Bahnhofsunterführung zu Rapperswil sieht, sagt mir aus heiterem Himmel: «Du bisch mis Maa.» –

Er sagt mir: «Was? Du wirst schon pensioniert?»

Ich sage ihm: «Was heisst da ‹schon›? Das hat immerhin ganze fünfundsechzig Jahre gedauert.» –

Es ist schon fortgeschrittener Frühling. Sie sagt mir: «Es ist immer noch kalt.»

Ich sage ihr: «Ich weiss, aber ich kann nichts dafür, ich weiss auch nicht, wer das macht.» –

Er sagt mir: «Ich habe nicht viel, aber ich freue mich an dem, was ich habe.» –

Und all jene, die mir sagen: «Ich habe auch nicht viel, aber ich kaufe Ihnen gerne ein Heft ab.» –

Er sagt mir: «Ich muss Ihnen wieder mal ein Heft abkaufen. Es ist lange her.»

Ich sage ihm: «Das ist kein Müssen.» –

Ein kleiner Junge fragt mich: «Bisch du ame di ganzi Nacht da?» –

Sie muss zum Arzt und sagt mir, sie müsse in die Reparatur – Sie sagt mir, sie sei so müde.

Ich sage ihr: «Ich kenne ein sicheres Mittel gegen Müdigkeit, zudem kostenlos, rezeptfrei und garantiert ohne Nebenwirkungen.»

«Was denn?», fragt sie mich.

Ich sage ihr: «Schlafen.» –

Er fragt mich: «Wie lange machen Sie das schon?»

Ich sage ihm: «Fünfzehn Jahre.»

Er sagt nichts mehr. –

Ein kleiner Junge hält sein Kinderbillett fest umklammert. Fragt ihn die Mama: «Hast du dein Billett noch?»

Sagt er: «Ja, sonst kann ich nachher nicht Zug fahren.» –

Sie sagt mir: «An der Sonne blühen schon die ersten Schneeglöckchen.» Ich sage ihr: «Hier unten in der Bahnhofsunterführung blühen sie noch nicht.» –

Sie sagt mir: «Wir sind in einem Alter, wo man auch mal eine Gedächtnislücke haben darf.»

Ich sage ihr: «Das war bei mir schon immer so.» –

Er fragt mich: «Wo ist Gleis 1?»

Ich sage ihm: «Die Treppe dort hoch, dann rechts umgekehrt, ein paar Schritte gehen und Sie sind bei Gleis 1.»

Er geht wie ich ihm gesagt habe, kommt zurück und sagt vorwurfsvoll: «Gleis 1 ist nicht dort!»

Ich kann mir ein Lachen nicht verkneifen. Es war aber auch zu drollig, so wie er das gesagt hat. –

Ich habe mich oft gewundert: Wie kommen die jungen Mädchen und Frauen bloss in ihre hautengen Hosen rein? Ich habe darum mal so ein junges Ding gefragt. Freimütig hat sie mir gesagt: «Mit viel Ziehen und Zerren, Bauch einziehen und Hüften wackeln.» –

«Und?», fragt er mich. (Er meint damit, wie es mir geht.) Ich stelle mich dumm und sage ihm: «‹Und› ist ein Bindewort.»

\* . \*

Ich stelle mir vor:
Daraus könnte sich, unter Umständen, folgender Dialog entwickeln:

«Und?», fragt er mich. Er meint damit, wie es mir geht.

Ich stelle mich dumm und sage ihm: «‹Und› ist ein Bindewort.»

«Das weiss ich auch. Aber das habe ich nicht gemeint.»

«Ich weiss, dass du nicht das gemeint hast.»

«Warum gibst du mir dann diese Antwort?»

«Weil ich nicht weiss, *was* du meinst.»

«Soeben hast du doch gesagt, du weisst, dass ich nicht das gemeint habe.»

«‹Habe› ist das Perfekt von haben in der ersten Person.»

«Was soll jetzt das wieder?»

«‹Wieder› ist ein Adverb.»

«Sag mal, spinnst du?»

«‹Du› ist ein Personalpronomen.»

«Hast du sie noch alle? – Um dir zuvorzukommen: Ich weiss, ‹alle› ist auch ein Adverb.»

«Ja, ich weiss, dass du nicht das gemeint hast. Das heisst aber nicht, dass ich weiss, *was* du gemeint hast.»

«‹Hast› ist das Perfekt von ‹haben› in der zweiten Person.»

«Jetzt kommst du mir auch so?»

«Ich habe auch Grammatik studiert, nicht nur du.»

«Aber wo sind wir eigentlich stehen geblieben?»

«Ich habe dich gefragt: ‹Und?›»

«Was habe ich darauf geantwortet?»

«‹Und› ist ein Bindewort.»

«Stimmt.»

«Ich habe aber nicht das gemeint.»

«Ich weiss, dass du nicht das gemeint hast.»

«Machst du's Kalb mit mir?»

«Lass das Kalb aus dem Spiel. Das kann nichts dafür. Ausserdem ist ‹Kalb› ein Substantiv.»

«Na und? «

«‹Und› ist ein Bindewort.»

Pause. Dann sagt er: «Ich probier's mal andersrum: Wie geht es dir?»

«Du könntest mich auch fragen: ‹Und?› Das geht schneller. Ich weiss auch so, was du meinst.»

Warum soll ich mich bei meiner Arbeit langweilen?

Er spricht weder deutsch, noch englisch, noch französisch, ist nur seiner Muttersprache mächtig, die wiederum ich – man möge es mir verzeihen – nicht beherrsche. Er fragt mich also: «Gall»? Es ist nicht das erste Mal, dass ich nach «Gall» gefragt werde. Darum weiss ich mittlerweile: «Gall» heisst: St. Gallen. Wie soll ich ihm aber nun erklären, dass der Zug nach «Gall» soeben abgefahren ist und der nächste Zug nach «Gall» erst in einer Stunde fährt? Meist klappt die Verständigung dann irgendwie.

Der Bibel nach haben wir den Sprachensalat den alten Babyloniern zu verdanken. Wir büssen also bis heute für deren Fehler.

Ich befürchte, die kommenden Generationen werden für unsere Fehler büssen müssen.

# Brutto 4 Franken

Seit September 2023 kostet ein *Surprise* nicht mehr 6.–, sondern neu 8.– Franken.

Die Gretchenfrage, die mir oft gestellt wird, ist da: «Wieviel verdienen Sie so am Tag?» Um diese Frage hier endgültig zu beantworten: Wir *Surprise*-Verkäuferinnen und -Verkäufer haben keinen Festlohn. Wir partizipieren ausschliesslich am Verkaufspreis von unseren verkauften Heften.

«Ja, aber wieviel denn?»

«Pro Heft, das wir verkaufen, bekommen wir brutto vier Franken, also fünfzig Prozent.»

«Das ist nicht viel», wird mir mit Bedauern gesagt.

Na ja, wie man's nimmt. Sieht man nur diese vier Franken, dann mag das nicht viel sein, reicht aber immerhin für einen Kaffee, wenn man weiss, wo. Natürlich, mit einem Kaffee hat man noch nicht gelebt und auch noch keine Rechnungen bezahlt. Man hat noch nicht gewohnt und gegessen und man war noch nicht in der Badi oder auf ein Bier. Und man hat noch kein Bahnbillett für die Fahrt zur Arbeit in der Tasche. Ich habe aber nie behauptet, dass ich bloss ein Heft pro Tag verkaufe und mein Tagesverdienst also bei vier Franken stehen bleibt.

Nehmen wir mal an, ich verkaufe tausend Hefte an einem Tag. Dann habe ich am Abend also viertausend Franken in meinem Kässeli. Wie ich finde; ein hübsches Sümmchen für einen Tag Arbeit. Das ist aber nicht alles. Verkaufe ich eine Woche lang an fünf Tagen tausend Hefte pro Tag, dann habe ich Ende der Woche zwanzigtausend Franken in meinem Kässeli. Verkaufe ich vier Wochen lang an fünf Tagen die Woche je tausend Hefte pro Tag, dann habe ich Ende Monat achtzigtausend Franken in meinem Kässeli. Verkaufe ich zwölf Monate lang an fünf Tagen die Woche je tausend Hefte pro Tag, dann habe ich einen Jahreslohn von sage und schreibe neunhundertsechzigtausend Franken.

Aber dem ist natürlich nicht so. Zum Glück ist dem nicht so! Denn wenn dem so wäre, würden alle *Surprise* verkaufen wollen. Und wenn alle *Surprise* verkaufen: Wer soll dann noch Kunde sein?

Ich lebe und wohne bescheiden. Aber ich habe alles, was ein Mensch zum Leben braucht. Sogar noch mehr. Ich habe ein Zimmer – im Winter geheizt –, Bett, Schreibtisch, Bürostuhl, zwei Stühle, volles Bücherregal, Fernseher, gemütlicher Sessel, sogar Laptop und Drucker, Gitarre, eigener Balkon, Bilder an der Wand und allerlei Klimbim. Wie gesagt: Ich habe alles, was ein Mensch zum Leben braucht. Sogar noch mehr. Und alles, was ich nicht habe, vermisse ich nicht. Ich vermisse nichts. Könnte ich haben, was ich nicht habe – das Eine oder Andere würde ich wohl nehmen. Zum Beispiel 8 cm mehr Körpergrösse, dann wäre ich 1,80 m gross und müsste im Gespräch mit grossen Menschen nicht mehr so steil nach oben schauen. Materieller Besitz war mir Glückspilz aber noch nie von Bedeutung.

Genügsamkeit ist das grösste Glück.

* * *

Ich denke über meine Nasenspitze hinaus. Auch der Verein *Surprise*, also mein Arbeitgeber, partizipiert an jedem verkauften Heft mit brutto 4 Franken. Jedes verkaufte Heft trägt also auch einen Teil zum Überleben von *Surprise* bei. Aus doppeltem Grund heisst also die Devise, so viele Hefte wie möglich verkaufen. Ich persönlich mache das aber nicht zu jedem Preis. Nicht zum Preis der Unterwürfigkeit. Ich schmeichle mich nicht ein. Ich stehe da, freundlich, gut gelaunt, zuvorkommend, engagiert, immer für einen Scherz zu haben. Wer ein Heft kaufen will: sehr gerne. Aber ich krieche nicht.

# Meine Sonnenblume

Seit meinem ersten Tag bei *Surprise* begleitet mich eine Sonnenblume, MEINE Sonnenblume, gut sichtbar an meinem Wägeli befestigt, bei jeder Witterung, und harrt Stunde um Stunde in der Bahnhofsunterführung zu Rapperswil mit mir aus. Geduldig, ohne Klagen und Murren. Oft werde ich gefragt: «Ist das eine echte Sonnenblume?» Aber nein, es ist natürlich keine echte Sonnenblume. Nichtsdestotrotz: Meine Sonnenblume erfreut sich bei Gross und Klein grosser Aufmerksamkeit und Beliebtheit. Schon die Kleinsten kennen ihren Namen: «Guck mal, Mami, eine Sonnenblume.» Entzückte Bewunderung, wenn kleine Hände sie streicheln. Mit ihren dicht im Kreis angeordneten gelben Blütenblättern macht sie ihrem Namen alle Ehre. In ihrem satten Gelb leuchtet sie mit allen um die Wette. Schon öfters haben mir Kunden gesagt: «Sie hätte ich jetzt nicht gesehen, aber Ihre Sonnenblume habe ich gesehen». Oder: «Ich kaufe Ihnen ein Heft ab, aber nur wegen Ihrer Sonnenblume.» Dann lacht sie mich an, meine Sonnenblume, und strahlt. Aber beileibe nicht nur dann.

Ich werde gefragt: «Warum haben Sie immer eine Sonnenblume dabei?» Ich antworte: «Sie gehört einfach zu mir.» Ganz im Ernst: Man wollte mir meine Sonnenblume tatsächlich schon abkaufen, und das nicht nur einmal. Aber sie ist unverkäuflich.

Es würde sich wie Verrat an ihr anfühlen, wenn ich sie verkaufen würde, wenn ich sie gleichgültig gegen Geld weggeben würde. Sie ist mir nicht gleichgültig. Meine Sonnenblume ist beileibe nicht nur Dekor. Ich habe ihr eine Seele gegeben.

# Kinder

Wenn ich meine *Surprise*-Hefte in der Bahnhofsunterführung zu Rapperswil verkaufe, begegnen mir viele Kinder, besonders während der Schulferien. Denn in Rapperswil befindet sich seit Jahr und Tag «Knies Kinderzoo».

Rennen, Tretrad, Kickboard, Fahrrad. Bewegung ist der Kinder grösste Lust. Dann lachen und strahlen sie vor Glück. Mit Mama oder Papa, mit Oma oder Opa Versteck spielen ist nicht weniger Glück. Oder dem Echo ihrer hellen Stimmen lauschen, wenn sie in der Bahnhofsunterführung zu Rapperswil jauchzen. Der Billettautomat: ein Magnet, mal tatschen und dann sehen, was passiert. Alles entdecken, alles sehen, alles ausprobieren. Kleine Finger zeigen auf irgendetwas und helle Kinderstimmen fragen: «Das?» Der bunte Zonenplan wird auf auf Zehenspitzen, plappernd untersucht und geprüft, um dann mit letzter Sicherheit auf einen Punkt zu zeigen und zu sagen: «Da», was wohl heissen soll: «Da sind wir.» Oder sie stehen mit grossen, fragenden Augen, offenem Mund, voller Ratlosigkeit vor mir, überlegen und überlegen, denken nach, stehen immer noch, unbeweglich, und sie würden noch lange stehen bleiben, wenn sie nicht gerufen würden. Ein Hund kommt vorbei, die einen sind entzückt und wollen ihn streicheln, am liebsten gleich knutschen, andere fürchten sich.

Meine Sonnenblume am Wägeli hat schon so manches Kind erfreut. Die Welt und ihre Wunder. Alles ist neu, alles ist spannend, alles sehen und untersuchen, sich nichts entgehen lassen, alles ist der Aufmerksamkeit wert, jede Kleinigkeit. Singend kommt eine fröhliche Kinderschar mit ihren Betreuerinnen. So schön. Ich habe auch schon mitgesungen.

Ein ganzes Leben vor sich haben. Und viele Talente schlummern. Im besten Fall werden ihre Talente gefördert. Verlorene Talente gibt's zuhauf. Was für ein Jammer!

Ich für meinen Teil fröne meinem Verkaufstalent in der Bahnhofsunterführung zu Rapperswil. Und zu Hause widme ich mich gerne meinem Schreibtalent, das ich zu haben scheine; so wird mir zumindest attestiert.

* * *

«Mami, Mami, guck mal die schöne Sonnenblume.»

Ein Mädchen hat meine Sonnenblume, die mich stets, bei jedem Wetter, unter allen Umständen und zu jeder Zeit begleitet, an meinem Wägeli entdeckt. Die Mama soll an dieser Entdeckung natürlich gebührlich teilhaben.

Die Mama aber reagiert nicht.

«Mami», diesmal etwas drängender, «guck mal, die schöne Sonnenblume.»

Keine Reaktion.

«Mami, Mami», nach einer Pause mit Nachdruck: «Mami», dann dringlicher: «Mami.»

Keine Reaktion.

Dem Mädchen geht es jetzt nicht mehr darum, der Mama meine Sonnenblume zu zeigen. Inzwischen würde ihm ein Blick der Mama oder ein Kopfnicken, eine ihm zugewandte Geste, ein Zeichen der Aufmerksamkeit, der Zuneigung, genügen.

«Mami», zögerlich, bittend.

Aber unverwandt starrt die Mama auf ihr Handy, gefangen von der digitalen, virtuellen Welt, die ihr alle Sinne raubt, auch das Gehör, und nicht nur die Sinne, auch die Erinnerung, dass da noch ein Kind ist. Ihr Kind. Sie ist weit weg, mit Haut und Haar eingenommen von diesem viereckigen, unscheinbaren Kästchen das die Menschheit im Nu erobert hat, absorbiert von bunten, laufenden Bildern. Ein Wisch mit dem Finger und schon öffnen sich wieder neue Welten. Zeit und Raum, alles um sich vergessend, selbst ihr Kind.

Wie hat das Hans Rhyner, ein Kolumnisten-Kollege bei *Surprise*, mal so treffend formuliert: sich Mühe geben, nicht dort zu sein, wo man ist.

Es ist schon vorgekommen, dass sie in mich hineingelaufen sind, wenn ich so stehe und meine Hefte verkaufe. Menschen, mit Augen nur für ihr Handy, nichts anderes sehend und hörend. Ich sehe es jedes Mal kommen, wenn sie in mich hineinlaufen, aber ich sage nichts, ich wecke sie nicht auf, ich rufe nicht, ich weiche nicht aus, ich lasse sie in mich hineinlaufen. Sie wissen, wie peinlich das ist und entschuldigen sich mit einem verlegenen Lächeln. Und das Leben zieht unbemerkt an ihnen vorbei.

Das Mädchen hat resigniert. Mit hängendem Kopf trottet es traurig hinter seiner Mutter her. Wahrscheinlich verwünscht es das Handy der Mama, irgendwohin, weit weg, vielleicht in das Land, wo der Pfeffer wächst, einfach an einen Ort, wo es die Mama niemals wieder finden würde, damit es, das Kind, Beachtung und Zuneigung von der Mama bekäme.

Und ich möchte der Mama zurufen: «Gute Frau, legen Sie doch mal Ihr Handy weg, Ihr Kind braucht Sie. Ihr Kind, das leibt und lebt!»

\* \* \*

Ich stelle mir vor:

Uroma, Oma, Mama und klein Töchterlein planen einen gemeinsamen Ausflug. Es soll etwas für alle sein. Uroma fidel und noch rüstig, Oma fidel und noch rüstig, Mama fidel und rüstig, klein Töchterlein fidel und rüstig.

Das kann ja heiter werden.

Um die Verhältnisse klar zu stellen: Die Uroma ist die Mama von der Oma und die Oma von der Mama und die Uroma von klein Töchterlein. Sowieso: Drei von den Vieren sind Mamas. Nur klein Töchterlein ist noch keine Mama.

Vom Namen her sind die Vier nicht gross voneinander zu unterscheiden. Die Uroma heisst Berti, die Oma heisst Berti, die Mama heisst Berti und klein Töchterlein heisst Berti.

Berti ist ein schöner Name, finden alle vier. Hat klein Töchterlein Berti selber mal ein klein Töchterlein, wird es ebenfalls Berti heissen. So viel steht fest.

Noch nicht fest steht hingegen, wohin ihr Ausflug gehen soll.

Uroma Berti möchte am liebsten auf eine Schifffahrt.

Oma Berti möchte am liebsten in den Zoo.

Mama Berti möchte am liebsten ins Museum.

Klein Töchterlein Berti möchte am liebsten in den Vergnügungspark.

Da ist guter Rat teuer. Und Kompromissbereitschaft gefragt, bevor man sich in die Haare gerät.

Schifffahrt, Zoo, Museum, Vergnügungspark. Vier Wünsche. Vier Welten.

Wo liegt hier die goldene Mitte, ist nun die Frage. Mathematisch ist dieser Fall nicht zu lösen. Aber vielleicht spielerisch. Denn klein Töchterlein Berti hat eine zündende Idee:

«Ich hab's!», ruft es, «Wir spielen um unseren Ausflug. Wir spielen eine Runde Mikado und wer gewinnt, darf entscheiden.»

Da sie keine bessere Idee haben, sind Uroma Berti, Oma Berti und Mama Berti damit einverstanden.

Klein Töchterchen Berti reibt sich verschmitzt die Hände. Sie hat sich ihren Vorschlag gut überlegt, denn die Uroma und die

Oma haben beide zittrige Hände und die Mama hat einfach keine Geduld für dieses Spiel. Klein Töchterchen Berti hat also alle Chancen, zu gewinnen.

Und so kommt es auch.

Die Uroma, die Oma und die Mama seufzen. Jetzt heisst es also: ab in den Vergnügungspark. Doch da täuschen sie sich gewaltig in klein Töchterchen Berti.

Denn fröhlich ruft es: «Auf geht's, wir machen also eine Schifffahrt. Eine Schifffahrt ist doch lustig. In den Zoo gehen wir ein anderes Mal und ins Museum kann Mama mal mit ihrer besten Freundin gehen und in den Vergnügungspark gehe ich mal mit Papa.»

Wahrlich, das ist in diesem verzwickten Fall die goldene Mitte.

Und wer hat sie gefunden?

Nun aber zurück in die Bahnhofsunterführung zu Rapperswil.

\* \* \*

# Berührende Begegnungen

Sie hatte einen schweren Autounfall. Im Urlaub. In Argentinien. Ihre Freundin kam dabei ums Leben. Sie selber hat mit schweren Kopfverletzungen und etlichen Knochenbrüchen überlebt.

Auf dem langen Weg der Genesung musste sie alles neu erlernen. Sprechen, laufen, die Koordination von Bewegungsabläufen. Mit zähem, unbändigem Willen hat sie entgegen allen Voraussagen selbst das Spiel auf der Violine wieder erlernt. Das bedeutet ihr am meisten. Und darauf ist sie stolz. Sie darf getrost stolzer als stolz auf sich sein.

* * *

Schon immer war seine Rede bedächtig, ohne Eile, ohne Hast, stets auf der Suche nach dem richtigen Wort, nach Genauigkeit. Niemals hätte er sich zu einem unüberlegten Wort hinreissen lassen. Keine unbedachte Äusserung hätte jemals seine Lippen verlassen. So war ihm das gegeben, und so war es auch heute bei unserer Begegnung in der Bahnhofsunterführung zu Rapperswil. Ich habe nichts bemerkt. Auch nicht bei unserer nächsten Begegnung.

Doch eines Tages: Ich stehe und verkaufe meine Hefte, kommt er händeringend auf mich zu und entschuldigt sich schon von weitem, ohne Vorrede, schier ausser sich. So habe ich ihn noch nie erlebt. Ich habe keine Ahnung, was passiert ist, warum er sich zu entschuldigen hätte, denn nichts ist zwischen uns vorgefallen, nicht dass ich davon wüsste. Wie sich herausstellt, hat er einfach meinen Namen vergessen. Ich wundere mich, dass er deswegen so ausser sich gerät, und beruhige ihn. Ich messe diesem Vorfall keine grosse Bedeutung bei, denn ich selbst vergesse Namen seit eh und je.

Unsere nächste Begegnung ist dramatisch. Mit Tränen in den Augen steht er vor mir und stammelt verzweifelt immer wieder nur die einen Worte: «Es tut mir so leid, es tut mir so leid», um dann schier fluchtartig davonzueilen. Ich stehe perplex. Wie Schuppen fällt es mir von den Augen: Noch vor ein paar Monaten war Peter wie jedes Jahr in Frankreich auf Rad-Tour, danach zu Besuch bei Freunden in Holland. Und jetzt: Er ist dement.

Etwas später begegnen wir uns ein letztes Mal. Er ist in Begleitung seiner Schwägerin. Selbständig findet er sich nicht mehr zurecht. Auch das Sprechen fällt ihm schwer. Nur wenige Worte sind ihm geblieben. Hirntumor. Bösartig. Schon weit fortgeschritten. Die Ärzte können nichts mehr für ihn tun. Es ist zum Heulen.

In solchen Momenten stehe ich da und weiss nicht wie und was.

\* \* \*

Es berührt mich jedes Mal zutiefst, wenn ein betagtes Ehepaar Hand in Hand, mit unsicheren und langsamen Schritten, sich gegenseitig stützend, an mir vorbei geht. Nach einem langen, gemeinsamen Leben verbunden in unsterblicher Liebe. Um keinen Deut ist sie erkaltet, die Liebe. Ganz im Gegenteil: Sie ist gewachsen, gereift und gefestigt. Selbst ihre zerfurchten, faltigen, vom Leben und Alter gezeichneten Gesichter sprechen davon. Traute Zweisamkeit. Zusammengeschweisst, bis dass der Tod sie scheidet. Zärtlichkeit und gegenseitige Rücksichtnahme prägen ihren Umgang. Bange Blicke: «Geht's noch, kommst du?», wohlwissend um die Gebrechlichkeit des Anderen. Zueinander Sorge tragen ist ihnen am Lebensabend das Wichtigste. An ihnen vorbei rauscht die Jugend in ihrem Übermut. Gedränge herrscht. Ungeduldige warten genervt, bis sich ihnen eine günstige Gelegenheit zum Überholen bietet. Knorrige Hände klammern fester, bis das Weiss der Knöchel unter runzliger Haut hervorschimmert. Nein, ich lass' dich nicht los. Ich brauch' dich doch.

*  *  *

Seit Jahren sehe ich ihn: weit über achtzig, irreparabler Rückenschaden, mit seinem Rollator, schier jeden Morgen auf seiner täglichen Runde. Mal dauert sie länger, mal gerät sie kürzer, je nachdem, wie er mag, je nachdem, wie gross seine Schmerzen sind, je nachdem, was für Besorgungen er für seine Frau zu erledigen hat. Gerne macht er bei mir einen Zwischenstopp zu einem Schwatz. Er beklagt sich nie. Ganz im Gegenteil, trotz allem hat er immer einen Scherz auf den Lippen. Seiner Frau, die sich noch bester Gesundheit erfreut, geht er, so gut er kann, zur Hand. Und dann passiert's.

Eines Morgens kommt er auf mich zu. Ich sehe sofort, dass etwas Schlimmes passiert sein muss. Sein Gesicht hängt. Er weint. Schon allein das erschüttert mich. Er, der einstige Draufgänger. Er, der sich einst vom Hilfsarbeiter zu einer Führungskraft hochgearbeitet hat. Er, der sich nie über körperliche Schmerzen beklagt hat, sondern, ganz im Gegenteil, immer einen Scherz auf den Lippen trug. Er weint, denn seine geliebte Frau musste notfallmässig ins Spital eingeliefert werden. Nach und nach erzählt er mir in den nächsten Tagen, er dürfe sie nicht besuchen, nur sein Sohn und seine Schwiegertochter, sie wurde operiert und während der Operation haben sie auch Krebs festgestellt, es sei nichts mehr zu machen. Und seiner Stimme fehlt jede Kraft.

Er hat seine Frau inzwischen wieder, sie ist zu Hause, zum Sterben, vielleicht noch ein Monat, vielleicht ein halbes Jahr, nach vierundsechzig gemeinsamen Ehejahren.

Ein paar Begegnungen später berichtet er mir: «Sie ist gestorben.»

Er weiss es und ich weiss es: Abschied nehmen gehört zum Leben. Wir sagen es aber nicht. Was er sagt: «Es ist so leer in mir.»

\* \* \*

Ich werde ihn nie vergessen, diesen Herrn um die siebzig. Körperlich und geistig rüstig, ja vital. Doch sein Herz blutet in tiefer Trauer. Seine geliebte Frau ist nach über vierzig gemeinsamen Jahren gestorben. Eine Tragödie, die nicht die Welt bewegt, dafür ihn umso mehr. An ihrem Totenbett hat er ihr versprochen, dass er mich nicht vergessen wird. Sein Wort zu halten ist ihm heilig. So besucht er mich hin und wieder bei meiner Arbeit in der Bahnhofsunterführung zu Rapperswil, drückt mir einen Batzen in die Hand und wechselt ein paar Worte mit mir. Und jedes Mal schwärmt er von dem Tag, an dem er für immer zu seiner Frau gehen wird. Dann erwachen seine müden Augen, funkeln und leuchten in mächtiger Vorfreude. Nach einer Weile verabschiedet er sich und geht mit forschen Schritten seines Weges, ruhelos und rastlos. Ich habe ihn jetzt schon lange nicht mehr gesehen. Ich denke, er ist für immer zu seiner Frau gegangen.

\* \* \*

Ein anderer älterer Herr – seine Frau und er sind seit meinen Anfängen bei *Surprise* treue Stammkunden – kommt vom Zug, geht mit schleppenden Schritten, gebeugt und mit hängendem Kopf an mir vorbei. Er sieht mich nicht, ist mit seinen Gedanken weit weg, an einem anderen Ort. Aber ich sehe ihn. Und ich sehe es ihm an; etwas Schlimmes ist ihm passiert. Ich rufe ihn beim Namen. Er hört mich, schreckt auf, hält kurz an, grüsst und sagt ohne Umschweife, mit tränenerstickter Stimme: «Meine Frau liegt im Sterben.» Sagt's, und geht mit schweren Schritten weiter.

Eine Frau, weit über siebzig, trotzdem noch energisch, zielstrebig und stets unter Strom. Doch dann stürzt ihr Mann und liegt nun im Spital. Seitdem ist sie nur noch ein Schatten ihrer selbst.

Ich höre es von älteren Ehepaaren immer wieder: «Das Eine wird gehen, das Andere wird noch für eine Weile bleiben». Manchmal spüre ich die Angst vor diesem Tag. Aber manchmal spüre ich auch die tiefe Gewissheit, dass sie eines Tages für immer vereint sein werden.

# Nein, danke

«Ich kann Ihnen beim besten Willen kein Heft abkaufen. Ich habe so viel zum Lesen.» Das höre ich oft. Und in der Tat: Man hat meist genug zum Lesen. Was sich so alles im Briefkasten tummelt:

Vor etlichen Jahren befand sich ein Werbe-Prospekt der besonderen Art in meiner Post. Der Titel des Prospektes weckte mein Interesse: «Die moderne Hausfrau» stand da auf Glanzpapier in grossen, gelben und schattierten Lettern. Als Junggeselle, der den Haushalt autonom, also ganz ohne Dienstboten besorgte, war es mein Bestreben, mich in die Geheimnisse der modernen Hausfrau einweihen zu lassen. So stöberte ich, ganz entgegen meiner Gewohnheit, neugierig in besagtem Prospekt, der sich als ein wahrhaftiges Kuriositätenkabinett entpuppte. Ein queres Sammelsurium von Kitsch, Ramsch und Klimbim. Aber köstlich amüsant.

Als Erstes lese ich vom Winter-Lichterbaum aus Metall, der die Herzen der künftigen Besitzer mit drei Teelichtern in orangefarbenen Glasschälchen erleuchtet. Aber damit nicht genug, denn dessen Blättchen und Beeren aus Kunststoff beginnen im Lichterglanz wunderschön zu funkeln. Empfohlen wird besonders den Feierabend im Glanz des Winter-Lichterbaums zu geniessen. Na also! Das ist doch schon mal was ganz Verlockendes, zumal das Ding ganz günstig zu haben ist.

Und schon auf Seite zwei wird mir Glückspilz ein «dekoratives Duftkännchen», dessen Potpourri an Düften die Sinne belebet, als Geschenk versprochen, wenn ich für mindestens 30 Franken bestelle.

Als nächstes stolpere ich über Deko-Steine und lese interessiert deren Begleittext, der da lautet: «Mit Fantasie bringen Sie die Steine ins Rollen! Sicher, die meiste Zeit im Leben ist man damit beschäftigt, Steine aus dem Weg zu räumen. Doch wer kreativ ist, dreht den Spiess mit den Deko-Steinen jetzt einmal um». Wohl kann ich der Logik dieser Erläuterung nicht ganz folgen, aber was soll's! Sie kosten ja fast nichts.

Völlig überrumpelt werde ich von der Existenz der «Räucher-Pilze», die, wie ich lese, zur seltenen Gattung der Räuchermännchen gehören, die man heute, so steht es da geschrieben, leider nur noch in wenigen Gegenden findet. Das ist eigentlich höchst erstaunlich, denn wenn aus dem Schornstein im Hut des Räucher-Pilzes duftende Rauchwölkchen aufsteigen, zieht behagliche Gemütlichkeit in die Wohnung, deren glücklicher Mieter ich bin.

Dann wird mir in kuriosen Worten die Puppe Xenia angeboten. Man stellt mir die Frage: «Bleibt in Ihrem Leben nur wenig Platz für Ihre persönlichen Sehnsüchte? In diesem Fall wünschen wir Ihnen, dass dieser Platz wenigstens gross genug für die Puppe Xenia ist!» Dann folgt der sicher nur gut gemeinte Ratschlag: «Warten Sie nicht, bis andere Ihre Wünsche erraten. Hören sie auf Ihre innere Stimme und freuen Sie sich auf die Puppe Xenia». Na so was.

Anschliessend lerne ich den Traumfänger kennen, der – oh Wunder – die schlechten Träume über dem Bette abfängt. Der Riesenschuhlöffel gestattet mir mit seinen genau achtundfünfzig Zentimetern Länge, dass ich bei dessen Gebrauch meinen geplagten Rücken nicht mehr krümmen muss. Mit dem Fenster-Klipp bekomme ich endlich die lang ersehnte Möglichkeit, Fensterschmuck ohne Nageln, Kleben oder Bohren anzubringen. Die unsichtbare, aber wirkungsvolle Schondecke schützt mein Tischtuch vor Flecken jeder Art. Und schliesslich wird mir eine Schachtel mit achtzehn Stühlen à fünf Zentimetern Höhe angeboten, die ich dann zu einem Turm stapeln soll. Keine Ahnung.

Dankbar bin ich auch für die vielen nützlichen Tipps, die mir mein Geschenke-Prospekt mit auf meinen weiteren Lebensweg gibt. Demnach leben auch Sofakissen nicht ewig. Dem Chaos soll ich einen Korb geben. Der Puzzle-Teppich spart willkommenen Platz. Die angebotenen Wundermuscheln halten monatelang. Der Feinstaubpinsel passt besser. Und sowieso: Viele Löcher sind nur im Käse gut. Obendrein erfahre ich, dass ich mir mit dem Armband-Fix ganz alleine, ohne jede fremde Hilfe, ein Armband ganz alleine anziehen kann. Super!

Nochmals zurück in die Bahnhofsunterführung zu Rapperswil.

# Stehen gehört zu meinem Job

«Ich könnte nicht so lange stehen wie Sie», höre ich oft. Und manchmal wird angefügt: «Ich hätte einen Klappstuhl. Den könnte ich Ihnen abgeben.»

Einen Klappstuhl hätte ich auch. Aber ich brauche ihn nicht. Ich habe tatsächlich keine Probleme mit dem Stehen. Und darüber bin ich natürlich sehr froh. Denn stehend oder sitzend verkaufen ist nicht dasselbe. Betrete ich ein Lädeli und die Verkäuferin sitzt, womöglich bequem – das passt nicht. Für mich hat das mit Respekt zu tun.

Wer nicht stehen kann, der sitzt, ganz klar. Aber ich kann stehen, immer noch. Zwar nicht mehr so lange und so oft wie einst. Aber das ist der Lauf der Zeit.

# 10 %

Ich habe gelesen: Der Durchschnittsmensch – das bin also ich – braucht nur 10% seines Hirns. 10%, das ist nicht viel. Der grosse Rest von 90% liegt also einfach nur so rum. Eine öde Brache. Wüst und leer. Man könnte mein Hirn also ohne weiteres um 90% auf 10% runterschrumpfen, ich meine, wenn ich es sowieso nicht brauche, und ich wäre immer noch derselbe wie vorher. Kein Mensch würde merken, dass ich mit einem Mini-Hirn rumlaufe. Aber schade wär's allemal drum. Wenn ich mir das nochmal genauer überlege: Auf 30% runterschrumpfen würde eigentlich auch reichen. Dann hätte ich immerhin eine Reserve, falls ich doch noch mal froh drum wäre.

Was hätte nicht alles aus mir werden können, wenn ich ab meinem ersten Schultag mein ganzes Hirn gebraucht hätte? Ein Genie! In der Primar als Streber verpönt und geächtet. Aber später hätte ich studieren können, was ich wollte, Wissenschaften jeder Sparte und Sprachen. Ich hätte machen können, was ich wollte, mit meinem 100%-Hirn. Ich hätte Doktor, Professor, Wissenschaftler oder auch Politiker werden können. Oder gar König oder Kaiser oder Präsident. Ich hätte mindestens sieben Sprachen fliessend gesprochen. Die ganze Welt hätte mir gehört.

Aber was soll ich mit der ganzen Welt? Sie ist so weit und rund und gross.

Ich habe doch an mir und an der kleinen Welt, in der ich lebe, schon genug; aber so stimmt's. Mit dieser meiner kleinen Welt bin ich mehr als zufrieden und ausgelastet und sie gibt mir immer wieder Neues, nebst dem Alltäglichen, der Routine, die auch ihren Wert hat. Trotzdem ich nicht alle Götter der griechischen Antike aus dem Stegreif hersagen kann, ist meine kleine Welt eine spannende Welt, in der meine Arbeit als *Surprise*-Verkäufer in der Bahnhofsunterführung zu Rapperswil seit Jahren eine wichtige Rolle spielt. Leben und Wirken in meiner kleinen Welt, in der ich nicht nur *Surprise*-Verkäufer bin; auch während meiner Arbeit bin ich weit mehr als nur das: Information, Gepäckaufbewahrung, Zuhörer, Gesprächspartner, Ratgeber, Aufmunterer, Erheiterer, Freund, auch Seelsorger.

Und dann, wenn ich so stehe und meine Hefte verkaufe, begegnen mir Menschen – Menschen mit Herz und Wärme, denen wie mir, auch nicht die ganze Welt gehört, die aber mit ihrer kleinen Welt, die sie haben und in der sie leben und wirken auch zufrieden sind, so wie ich.

Da war kürzlich eine Umfrage. Gefragt wurde nach dem Sinn des Lebens. Jemand hat mit grösster Selbstverständlichkeit geantwortet: Gutes tun, was denn sonst?

Und ich füge bei: Jeder und jede am Platz, der ihm und ihr gegeben ist.

Und nur schon ein Lächeln ...

\* \* \*

Es gäbe aus der Bahnhofsunterführung zu Rapperswil noch vieles zu berichten. Ernstes und Lustiges. Trauriges und Heiteres. Bewegendes und Fabulöses.

Aber eine meiner Vorgaben zu diesem Buch war:

Keine Überschneidungen, keine Wiederholungen. Jede Geschichte steht für sich. Jede Geschichte soll unverkennbar sein. Jede Geschichte ein Unikat.

\* \* \*

Seit ein paar Monaten ist er schier jeden Vormittag am Bahnhof Rapperswil anzutreffen. Er, ein älterer Herr, klein gewachsen, ungepflegt, wühlt ungeniert in Abfalleimern und Containern nach Essbarem. Ein kümmerlicher Wurstzipfel, der schäbige Rest von einem Sandwich, zerfledderte Fetzen von einem Kebab, Überbleibsel von einem Hotdog. Natürlich begegnen wir uns, wenn ich dort in der Bahnhofsunterführung meine Hefte verkaufe. Er bettelt nicht. Er raucht nicht. Er trinkt nicht. Ab und zu stecke ich ihm einen Batzen zu. Danach gefragt, was mit ihm passiert sei, habe ich ihn noch nie. Er ist wortkarg, misstrauisch, in sich gekehrt. Ich ahne es: gebrannt von vielen Feuern. Und unser Sozialstaat in Schieflage.

# Ein Bewerbungsschreiben

Autor: Caruã Nogueira

Eine wahre Trouvaille, die ich Ihnen nicht vorenthalten möchte, weder Arbeitsuchenden noch allen Anderen.

Also dann,
einen Pulitzer-Preis gewinnen oder sonst irgendwelche Rosen verdienen werde ich mit dieser Bewerbung bestimmt nicht, aber zumindest stimmt die Ehrlichkeit und wenn nicht mal die Ehrlichkeit hier gewinnt, dann haben Sie zumindest mal ein Schreiben, das Sie unterhalten wird, Sie wissen schon, Sie lesen es durch und falls Sie's ausdrucken, werden Sie's danach schreddern, aber Sie schreddern es mit Zustimmung und einem guten Gefühl!

Stellen Sie sich vor, wie ich auf der Suche bin nach einem Job, der nachts auszuüben ist, damit ich tagsüber mein Studium finanzieren kann.

Vor einigen Tagen dann diese Vision: Ich sehe mich in einem Kaufhaus stehen, das leere Kaufhaus bewachen, mit einer Taschenlampe, im Stil einer Hollywood-Produktion; jede Stunde einmal die Gänge ablaufen, dann sich wieder seiner Lektüre widmen. Wunderbar.

Doch bei zunehmendem Durchlesen Ihrer Bewerbungskriterien bemerke ich jetzt, dass ich hier in eine verdammt ernste Angelegenheit geraten bin – und das soll ein Lob an Ihrem Betrieb sein. Ich weiss nicht, was ich davon halten soll, wenn ich mich jetzt so uniformiert vorstelle: mit einem Barett auf dem Kopf, den öffentlichen Verkehrsbund durchstöbernd oder die Hände in die Weste gedrückt.

Ich will ja mein Versprechen mit der Ehrlichkeit halten: Denn Sie haben da wirklich einige Unsympathen angestellt, mit viel zu ernster Miene und keinem Taktgefühl oder jeglicher Empathie. Da habe ich schon einiges beobachten müssen und da nützt es auch nichts, wenn Sie auf Ihrer Website zwei strahlende, gutaussehende Gesichter in die Kamera lächeln lassen. Und ich denke, wenn ich da irgendwo helfen kann oder falls Sie da irgendeine Verwendung für mich finden (denn ich hoffe, diese Verwendung finden Sie – ich bin mich ja am Bewerben), dann die, dass ich, durch meine Ausbildung als Betreuer, gut mit Menschen kann, ja, tatsächlich, ich bin ein Gutmensch und ein sympathischer noch dazu, sozusagen ein Friedensstifter, aber auch einer, der die Grenzen kennt, wenn es sein muss, das hoffe ich zumindest. Und allzu un-athletisch bin ich auch nicht. Ich bin sogar sehr athletisch und keine Flachpfeife, soll heissen, ich bin ein verdammter Athlet! Nur mit der Bescheidenheit hapert's. Item.

Tatsächlich noch ein Wort zur Motivation.
Fakt ist, dass ich dieses angesprochene Studium im September beginnen werde – Sie erraten's richtig – ich werde ein Schreiberling, und Fakt ist, dass die Finanzierung Teil dieser Angelegenheit ist. Und ich denke, dass die Leidenschaft für einen gewissen Lebensweg, für den man sich entscheidet, auch positiv in die anderen Aspekte dieses Weges ausstrahlen – in seinen, eben diesen Nebenjob … in seine Beziehung, in seine Freundschaften etc. Ich bin also voll dabei.

Diesen letzten Absatz gerade nennt man in der Literatur übrigens «Phrasen dreschen» (wohltönende, nichtssagende Reden). Solche Reden werden in der Literatur eigentlich gar nicht gern gesehen.

Ich versuch's also nochmals ein bisschen direkter:

Ich denke, die Securitas wäre für mich eine gute Chance und tatsächlich auch eine gute Erfahrung.

# Dank des Autors

Mein Dank gilt:

Dem Verein *Surprise*

Im Besonderen:

Diana Frei, Co-Leitung Redaktion. Sie hat mich in meinem 64. Lebensjahr zum Schreiben gebracht und mir ausserdem zu meinen ersten Veröffentlichungen verholfen.

Und Carmen Berchtold.

Irène Fasel, pensionierte Lektorin, ich konnte sie immer fragen.

Caruã Nogueira, Student für Literarisches Schreiben in Biel, für seine freundliche Genehmigung, den Text «Bewerbungsschreiben» abzudrucken.

Sandra Plüss, für den Kontakt zum elfundzehn Verlag.

Gaby Ferndriger, Verlagsleiterin, für ihre Professionalität.

Franz Sprecher, habe ich mal den Morelli, er gibt mir Zuspruch.

Doris Habegger, meiner Schwester, fürs Asyl.

Und natürlich all meinen treuen Kundinnen und Kunden.

Sind Sie glücklich?, werde ich gefragt.
Glücklich sein, ein grosses Wort.
Man kann nicht immer glücklich sein.
Und das muss man auch nicht.
Eine zufriedene Grundhaltung, das ist wichtig.
Und daraus gedeihen Glücksmomente.

*Surprise* ist zwar kein Fondue und auch kein Raclette,
trotzdem ist es gut, weiss jedes, das eins het.

Aber *Surprise* gibt's weder im Coop
noch im Migros oder im Denner,
das gibt's nur auf der Strass und da ist das ein Renner.

Haben Sie noch kein *Surprise* gekauft?
Dann wissen Sie ja gar nicht, was lauft.
Dann würd ich sofort eines posten,
es tät ja «nur» acht Franken kosten.

# Aus dem elfundzehn Verlag

Dieses Buch vereint die 151 besten «Die Angelones»-Kolumnen aus dem Tagblatt der Stadt Zürich. Bunt, humorvoll und lebensnah erzählt Rita Angelone von ihren Kindheitserinnerungen aus dem Glarnerland, warum italienisches Temperament in der Erziehung für Zündstoff sorgen kann, was Teenager mit der kleinen Raupe Nimmersatt gemeinsam haben und warum wir das Wort «Supermom» ein für alle Mal aus unserem Wortschatz streichen sollten. Ein Buch, in dem sich Familien und Singles, Stadtmenschen und Landeier, Urschweizer und Secondos wiederfinden können – kurzum, ein Buch für alle.

Rita Angelone
Leo Kühne

**Die Angelones –
Pasta, Fussball und Amore**

Kolumnen
232 Seiten, Gebunden
13 x 21 cm

Bruno Fuchs ging der Frage nach, wie Menschen an der Armutsgrenze in der Schweiz leben, was ihre Hoffnungen, Wünsche und
Schwierigkeiten sind. Er hat elf Männer und Frauen verschiede-
ner Altersgruppen getroffen, die aus unterschiedlichen Gründen
in die Armut kamen und in diesem Buch offen über ihr Leben
erzählen. Ihre Porträts berühren, regen zum Denken an und
kratzen am Tabu Armut.

Bruno Fuchs

**Reiche Schweiz
Arme Menschen**
Leben an der Armutsgrenze

Lebensberichte
176 Seiten Gebunden
13 x 21 cm